稳赚式理财

杜凤华 编著

民主与建设出版社

·北京·

图书在版编目（CIP）数据

稳赚式理财 / 杜凤华编著. -- 北京：民主与建设
出版社，2025. 3. -- ISBN 978-7-5139-4874-6

Ⅰ . F275-39

中国国家版本馆CIP数据核字第2025X6V251号

稳赚式理财
WENZHUAN SHI LICAI

编　　著	杜凤华	
责任编辑	廖晓莹	
装帧设计	尧丽设计	
出版发行	民主与建设出版社有限责任公司	
电　　话	（010）59417749　59419778	
社　　址	北京市朝阳区宏泰东街远洋力柤南区伍号公馆4层	
邮　　编	100102	
印　　刷	大厂回族自治县彩虹印刷有限公司	
版　　次	2025年3月第1版	
印　　次	2025年4月第1次印刷	
开　　本	670mm×950mm　1/16	
印　　张	11	
字　　数	130千字	
书　　号	ISBN 978-7-5139-4874-6	
定　　价	49.80元	

注：如有印、装质量问题，请与出版社联系。

说到理财，很多人的第一反应是"先有钱，才能理财"。实际上，人们对"怎么存钱"这个问题可能存在一些错误的认识。试想一下，你什么时候最有存钱的动力？通常，是在钱花光了或者发现钱不够用的时候。也就是说，没钱的时候，反而是人们最想存钱的时候。

　　而当手头宽裕的时候，大多数人最想做的就是花钱。存不下钱的原因就源于此。

　　你要做的是，把"怎么存钱"这个问题，换成一个更容易解决的问题：什么时候存钱最容易？答案其实很简单：在你手头宽裕的时候，存钱是最容易的。

　　这正是本书的核心理念：不需要烦琐高深的投资技巧，你只需掌握一些切实可行的存钱小方法、拓宽一些理财思路，就能帮你在手头宽裕时及时存钱，从而从容面对人生的不同阶段。

　　具体来说，理财有三个核心步骤——节流、开源和投资，这也是理财的"三驾马车"。而本书的内容与结构，正是围绕这三个步骤展开的。

　　在第一步"节流"环节，本书将分享一些便于实践的存钱技巧，帮助你合理地分配每月收入，快速养成随时存钱的习惯，让你在不知不觉中存够 10 万元。你会发现，节流不仅能减少开支，更是一种消费习惯的优化。本书将通过具体案例展示这些方法的实际效果，让你看到节流的巨大威力。

第二步"开源"将从多个角度探讨如何增加收入。本书将深入探讨副业创收的可能性，提供具体的副业选择和操作指南，让你在不影响主业的情况下拓宽收入渠道，实现收入的稳步上升。

第三步"投资"是让你的资产增值的关键。本书将介绍几类低风险、易上手的理财产品和工具，详细展示它们的运作原理和投资策略。你会发现，投资并不复杂，只要通过一些简单、实用的方式，就可以让手中的钱增值。

本书不仅是一部存钱指南，更是一本帮你全方位提升理财能力的实用手册。它将为你提供一套系统、有效的方法，让你在存钱的道路上少走弯路，早日实现财务自由。

目 录

第一章
识别伪需求，不当"冤大头"

在这个物质极其丰富的时代，我们很容易在不经意间将钱花在那些看似必要，实则可有可无的伪需求上。识别这些伪需求不仅能帮你节省金钱，还能让你更清晰地了解自己的真实需求，从而避免成为"冤大头"。本章将通过具体的方法和实践，帮你厘清财务状况，识别不必要的开支，并重新审视自己的消费习惯。让我们一起从识别伪需求开始，迈出稳赚式存钱的第一步。

打开支付软件，看看你的钱花哪儿了

你清楚自己的财务状况吗？你挣的钱都花哪儿了？

这里，请你先进行一个简单的操作：打开你常用的支付软件，查看一下过去一年的年度账单明细，你就能了解自己过去一年移动支付花费的所有钱。当然，你可能在进行其他消费的时候，直接用银行卡支付，那你可以打开你常用的银行 App，在"我的账户"里查看收支明细。

 看看你的消费账单

如今，人们的大部分日常消费都是通过微信和支付宝这两大平台完成的。而且，它们都有"账单一键导出"功能，这就为大家减少了手动记账的麻烦。

那么，微信和支付宝的账单如何进行导出操作呢？

1. 微信的"账单一键导出"操作

（1）打开微信并登录你的账号。

（2）点击底部菜单栏的"我"（通常在右下角），然后选择"服务"。在"服务"页面中，找到"钱包"。

（3）在"钱包"页面，点击右上角的"账单"。

（4）在"账单"页面，点击右上角的"常见问题"，进入"微信支付客服中心"，就可以看到"下载账单"选项。

（5）你可以选择你要导出的账单时间段（如最近一个月、三个月等），也可以自定义时间段。

（6）确认时间段后，点击"下一步"。输入一个有效的电子邮箱地址，点击"发送"，微信会提示导出成功，账单会在一段时间后发送至你的邮箱（账单通常是 Excel 格式文件）。

图 1-1 所示的是微信的账单示例。注意，上述操作步骤可能会随着微信 App 的更新有所变化。

微信支付账单明细									
微信昵称:[12345678]									
起始日期:[2018-05-28 00:00:00] 终止日期:[2018-06-01 23:59:59]									
导出类型:[全部]									
导出时间:[2018-07-03 10:55:51]									
共13笔记录									
收入：4笔 380.00元									
支出：6笔 970.00元									
中性交易：3笔 1150.00元									
注：									
1.充值/提现/理财通购买/零钱通存取/信用卡还款等交易，将计入中性交易									
2.本明细中不包括已删除的交易记录									
3.本明细仅供个人对账使用									
----------微信支付账单明细列表----------									
交易时间	交易类型	交易对方	商品	收/支	金额（元）	支付方式	当前状态	交易单号	商户单号	备注
2018/6/1 09:10:36	商户消费	手机充值	50元手机话费	支出	¥45.00	零钱	支付成功	1000395010120981	1000395010120223321	已优惠¥5.00
2018/5/31 20:45:21	微信红包	吴丽	/	收入	¥20.00	/	已存入零钱	1000395010120982	/	/
2018/5/31 19:42:13	微信红包	/	/	支出	¥100.00	零钱	支付成功	1000395010120983	/	/
2018/5/31 10:56:27	转账	张三	6月房租	支出	¥100.00	工商银行(1234)	支付成功	1000395010120984	1000395010223321	/
2018/5/30 19:28:11	转账	李四	聚餐费	收入	¥300.00		已存入零钱	1000395010120985	/	/

图 1-1 微信官方提供的账单示例

在使用微信导出账单时，最多可导出过去三个月的数据。导出的内容非常翔实，包含所有通过微信支付和转账的明细，还有分类，方便你进行复盘。

2.支付宝的账单导出操作

（1）打开支付宝并登录你的账号。

（2）在主界面底部，点击"我的"（通常在右下角）。在"我的"页面中，找到并点击"账单"。

（3）在"账单"页面，右上角会有三个点的按钮（通常是"…"图标），点击它，然后在弹出的窗口点击"开具交易流水证明"。

（4）在"申请用途"选择"用于个人对账"或"用于材料证明"，点击"申请"，然后填写相关条件。

（5）选择交易类型和时间等。交易类型，一般选择全部交易；时间范围，一般选择半年或者一年，也可以自定义时间范围。交易对手信息和商品说明信息，根据需要选择即可，然后点击"下一步"。

（6）最后输入接收账单的邮箱，点击"发送"，稍后会在自己的邮箱收到支付宝导出的账单。

图 1-2 所示的是支付宝的账单示例。注意，上述操作步骤可能会随着支付宝 App 的更新有所变化。

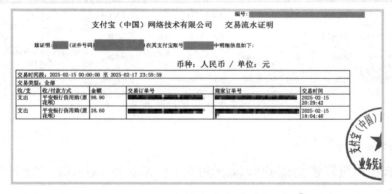

图 1-2　支付宝的账单示例

支付宝导出的 Excel 账单是加密的，需要解压后才能看到，内容包括总账和明细。当然，你如果嫌 Excel 麻烦，支付宝里的"记账本"也很好用，不仅有明细，还能分类展示收支，它甚至还有当月消费额最高的 Top5 排行榜，想查看哪一笔超支时，一目了然。

记账不仅是为了记录，还是为了复盘和改进财务规划。只有了解自己的消费习惯，才能更好地管理财务。所以，赶紧利用这些便捷的工具，透视你的财务状况，为未来的理财做好准备。

 揪出你的隐藏消费项目

以我为例，当我拿到一份支付软件的明细账单后，我会先对其进行简单的分类。通常，账单分为以下三大类。

1. 日常开销类

这是我们每天都要花的钱，主要包括一日三餐的花费，例如以下几类。

早餐费用：早上买的豆浆、油条、包子或咖啡等的费用。

午餐费用：工作日中午点外卖或在公司食堂用餐的花费。

晚餐费用：下班后在家做的晚餐或是和朋友一起在外面吃的晚餐的费用。

2. 必要开销类

这是每个月都必须支付的固定费用，例如以下几类。

房租费用：每月固定的房租，不管怎么省，这笔钱是必须支出的。

交通费用：地铁卡充值、公交费或者停车费。

话费：手机话费和流量费。

水费、电费、燃气费：家里的水费、电费、燃气费，这些都是必不可少的生活费用。

3. 非必要开销类

这些是生活中的额外花费，不是必需的，但能让生活更有趣，例如以下几类。

周末聚餐消费：和朋友一起吃饭、聚会的花销。

购买零食消费：超市里买的薯片、饮料和巧克力等的费用。

娱乐消费：看电影、KTV唱歌、健身房会员费或者网购衣服和电子产品等的费用。

进行分类后，你就能对个人的日常开销有一个大致的了解。接下来，你就要在各个分类里揪出那些隐藏的四大消费项目。

1. 订阅服务类

很多人都会享受订阅服务，如视频流媒体、音乐平台、运动App等。这些费用虽然看起来不多，但累计起来也是一笔不小的开支。检查一下个人的账单，看看有没有一些已经不再使用但仍然在扣费的订阅项目，及时取消这些隐形的消费项目。

2. 外卖和咖啡类

外卖和咖啡是典型的"拿铁因子"，即使每天只有几十块，一个月下来也是一笔不小的支出。你如果发现这部分开支特别高，那么可以考虑自己做饭或降低订外卖的频率。

3. 购物类

除了必要的生活用品外，网上购物的冲动消费也是一大隐形支出。特别是一些看似便宜的小物件，积少成多之后，也会让你的消费超出预算。因此，购物前最好先问问自己：××真的是必需品吗？

4.娱乐和社交类

平时看电影、聚餐等娱乐活动支出，也算是非必要开销的一部分。这类支出虽然能带给你短暂的快乐，但如果不加控制，也会影响你的财务状况。因此，你可以设定一个月度娱乐消费预算，避免超支。

揪出以上这些隐藏的消费项目，可以更清晰地了解自己的消费习惯，从而做出调整和优化，为未来的理财做好规划。

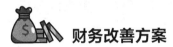 **财务改善方案**

1.订阅服务类财务改善方案

定期取消：每隔一段时间就检查一下订阅列表，看看哪些服务已经不再使用或不太需要，就可以将其及时取消。

免费替代：有些订阅服务，其实可以找到免费的替代品，如免费的音乐 App 或者公共图书馆的电子书资源。

家庭共享：一些订阅服务可以和家人或朋友共享，这样就能大幅降低个人支出。

2.外卖和咖啡类财务改善方案

自己下厨：学着自己做饭，不仅健康，还省钱。比如，一个人在上海市中心工作，一日三餐靠外卖，一个月餐食花费至少 1500 元。后来，他开始自己做饭，每顿平均成本降了 13 元，一个月节省了好几百元。

自制咖啡：可以买咖啡机或者手冲壶，在家自己制作咖啡，既新鲜又便宜。

3.购物类财务改善方案

购物清单：购物前先列个清单，只买必需的东西，不被打折促销迷惑。

预算控制：设定每月购物预算， 且达到上限，立即停止购物。

4.娱乐和社交类财务改善方案

设定娱乐预算：每月设定一个娱乐预算，超出就找别的娱乐方式，如在家看电影或者和朋友一起野餐。

低成本娱乐：寻找一些低成本或免费的娱乐活动，如公园散步、参观博物馆、参加读书会等。

DIY活动：试着在家举办小聚会，自己动手做菜，也能和朋友一起享受愉快时光，而且花费更少。

通过识别隐藏的消费项目并采取措施减少不必要的开支，你会发现理财并不复杂。

冲动消费都是怎么发生的

现如今，不少人因一时的喜好而忽视了真实需求，频繁地"买买买"，这种现象就属于冲动消费。那么，冲动消费究竟是如何发生的？它对你的财务状况又有哪些影响呢？

 这些冲动消费类型，你中招了吗

冲动消费具有事前无意识、无计划，以及被外界触发的特点。下面这几种常见的冲动消费类型，你是否也曾中招？

1.纯冲动型

这类购物完全不在计划范围内，事先没有任何购买打算，也没经过正常的消费决策过程。比如，你本来只是路过商场，却因为看见一件吸引眼球的商品而突然决定买下它。这种行为完全背离了理性的选择，更多是因为一时兴起或心血来潮，或者只是为了追求新鲜感和短暂的满足感。

2.刺激冲动型

这种冲动往往在购物现场被激发。比如，你在超市看到一个特别的促销广告，或者试用了一款新产品，结果突然觉得自己需要它。广告宣传、营销推广等现场刺激，激起了你内心深处尚未满足的需求，最终让你决定购买。

3.计划冲动型

这种情况属于你有某种购买需求，但没决定具体的购买时间和地点。比如，你知道某超市有大优惠，于是特意过去看看，却没有明确的购物清单。结果，本来只是去买些特价商品，却因为促销活动而买了很多你原本不打算买的东西。这种冲动是有计划的，但买什么具体商品，则是临时决定的。

你是否曾被这些冲动消费类型所影响，从而在不经意间花了更多钱？了解这些冲动类型，或许能帮你更理性地约束自己的消费行为。

 冲动性消费产生的原因

1.用购物填补内心的不安全感

当你对自己某些方面不自信时，你的购物行为常常成了一种缓解内心不安的方式。比如，觉得身材不好，会通过买衣服来提升自我形象；觉得皮肤不够好，就不停地买各种护肤品……购物似乎成了人们解决很多问题的万能药，只要"买买买"，就能暂时弥补人们内心的缺憾。

2.对原生家庭的报复式购物

很多成年人小时候被教育要节俭，因为他们父母那一代人可能经历过物资匮乏的年代，对消费有很强的控制欲。长大后，很多人常常通过一种报复式消费来弥补自己儿时的物质匮乏感。小时候的省吃俭用在成年后的购物狂欢中被抛到脑后，这种心理驱使这类人买下那些小时候心心念念却无法得到的物品。

3.用购物缓解生活压力

生活中的压力无处不在，工作、学习、社交让我们常常处于高压状态。购物成了很多人逃避现实的一种方式，幻想通过购物来放松。尤其是在晚上，这类人经过疲劳的一天，理智逐渐被感性取代，更容易冲动消费。商家也深谙此道，把各种促销活动、直播购物安排在夜晚，目的就是抓住人们情绪波动的时机，让人很难抵挡诱惑。

这些心理动因让很多人在不经意间陷入冲动消费的陷阱。了解这些心理机制，可以帮助你更好地控制购物欲望，理性消费。

 冲动消费带来的影响

冲动消费最直接的后果就是使你陷入财务困境。许多人在每月月初手握生活费时意气风发，觉得"生活费到手，世界我有"，于是肆无忌惮地进行即时消费，哪顾得上月末的温饱。特别是一些大型促销活动时，如"双十一"，许多人在愉快地"剁手"之后，才发现自己的账户余额捉襟见肘，提前成了"月光族"。这种情况不仅让人月末过着紧巴巴的日子，还因为一时的冲动而购买了许多自己并不真正需要的商品。

冲动消费不仅会带来财务困境，还会加重生活压力和焦虑。当面临财务困难时，你不仅日常开销受到限制，心理负担还会增加。有人会因为自责而做出一些不理智的行为，甚至为了填补经济上的空缺而采取损害自己或社会的行动。这种恶性循环让人们的生活质量逐渐下降，精神状态也愈发紧张。长此以往，冲动消费不仅影响个人财务状况，还可能对心理健康和社会产生负面影响。

如何避免冲动消费

冲动消费时常让我们经济受损，心情焦虑。下面介绍三种实用的避免冲动消费的妙招，帮你理性消费，轻松面对购物欲望。

1.延迟满足

冲动消费前，你不妨先将喜欢的商品放进购物车，过几天看看自己是否还是那么想买。这种"冷静期"能帮助你重新评估自己是否真的需要某商品。如果几天后仍然渴望拥有它，可以将其作为达到某个目标后的奖励送给自己，这样既满足了购物欲望，又激励了自己。

2.学会吹毛求疵

做挑剔的消费者，这样你可以有效地减少不必要的购买行为，尤其是在购买服装类商品时。下单前尽可能地挑毛病，如某件衣服颜色不合适，某件衣服款式不好看。这样，挑着挑着可能就不想买了。即使收到货，你也要仔细检查是否有不满意的地方。比如，买了一件衣服，试穿后发现袖子有点短或者裤腰不合身时，果断选择退货，不要将就。

3.清点库存

在下单前，你可以先检查一下自己是否已有类似的物品，或者是否有可替代的物品。比如，想买一个漂亮的笔记本时，先找找看家里是否有好几个没用完的本子。如果有，那就不必再买了。换季时也是如此。你想买新衣服前，先把以前的衣服翻出来看看还能不能穿，再考虑是否真的需要添置新衣服。这样既避免了重复购买，也节省了不必要的开支。

你是真的"想要"还是"需要"

在日常生活中，我们常常混淆"想要"和"需要"。现在，我们将通过实际案例和实用的方法，厘清这两个概念，学会如何分辨真正的需求和一时的欲望，从而减少不必要的支出。

 **想要与需要**

区分"想要"的和"需要"的，你可以很好地认清自己内心真实的需求，使自己做出正确的选择。那么，"想要"和"需要"之间到底有何差别呢？

1. 即时满足与长期利益

你刚下班回到家，肚子饿得咕咕叫，这时你需要一碗饭来填饱肚子，这是你的基本需求，关乎身体的正常运转。然而，饭后你又想吃个甜点、喝杯奶茶，这是你的额外欲望。一碗饭能提供身体所需的营养，维持长期健康，而甜点和奶茶只是短暂的即时满足。这样的额外欲望虽然能带来一时的愉悦，但并不能满足长期的健康需求。

2. 实际功用与额外享受

家里的洗发水用完了，你去超市买了一瓶洗发水，这是一家人的实际需求。当你找到要买的洗发水时，碰巧遇到促销员告诉你买两瓶洗发水送一盒面膜。此时，一瓶洗发水是你暂时"需要"的，而面膜只是你"想要"的额外享受。你如果仅购买一瓶洗发水，那么你的花费是合理的，满足了你的基本需求；但如果你为了面膜而额外购买多余的洗发水，那你就被不必要的欲望驱动了。

3. 基础需求与超出能力的欲望

为了方便上班路上装钥匙、手机、纸巾和公交卡等，你选择购买了一个经济实惠、简单大气的商务包，这是你的基本需求。而当看到某品牌新上架的奢华包时，为了面子和虚荣心，你便省吃俭用两三个月买下它，这就属于超出你实际能力的欲望。这就是说，基础需求能保障你日常生活的顺利进行，而为了虚荣心去过度消费，只会加重你的经济负担，带给你不必要的压力。

通过以上案例，你可以清楚地看到，"需要"是为了满足基本生活和功能性需求，而"想要"多是为了满足额外的享受和虚荣心。当置身于充满消费诱惑的环境中时，学会理性地区分"想要"和"需要"，能够帮助你做出更明智的消费决策，确保每一笔开销都能带来真正的价值。

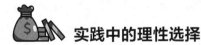 **实践中的理性选择**

花钱之前，首先，整理一下现有的东西，没准整理完了，就发现这件东西已经有了，不必再买。其次，把你的需求按"需要的"和"想要的"进行划分，减少在"想要的"上的花费，毕竟人的欲望是没有止境的，而要确保"需要的"这部分的花费。以下三个实用方法能帮你在实践中更好地做出理性选择。

1.规划和记录消费

每月初制订一个详细的月度预算，划分必要的生活开支和可支配的额外支出。每天记录自己的消费情况，使用手机应用或者记账本追踪每一笔支出。每个月底回顾当月的开支记录，分析哪些是自己"需要"的、哪些是"想要"的，逐渐调整消费习惯。

例如，通过每天记录家庭生活开支，你发现家庭每月的开支从6000元降到了4000元。记录生活开支可以帮助你意识到，真正的生活必需品，如每日采购的新鲜蔬菜和水果、每周一次的鱼虾和肉类支出并不大。而每天购买的30元的咖啡以及一些不必要的零食则属于"想要"的开支，这类开支可以减少，从而节省出更多的钱用于购买更实用的生活必需品。

2.优先级排序法

对于不确定是"需要"还是"想要"的物品，可以列出一个优先级清单。将所有想购买的物品按照重要程度和紧急程度进行排序，先购买那些高优先级的物品。对于低优先级的物品，可以暂时搁置或重新考虑。

例如，当你在商场或网店购物时，将心仪的商品列出一个清单，按照重要程度和紧急程度进行排序。首先，购买那些对日常生活或工作至关重要的物品，如手机、电脑等；其次，考虑那些可以提升生活品质但并非必需的物品，如新款服饰、装饰品等；最后，对那些纯粹为了满足个人欲望的物品，如打折的奢侈品、限量版收藏品等，则可以暂时搁置或重新考虑。

3.极简主义生活方式

定期整理家庭中的物品，清理出不再使用或不需要的物品。尝试打造极简的衣橱，每个季度只保留几套基本的衣物，将其他物品收纳起来。在购买新物品前，先看看是否有现有物品，有的话优先使用现有物品；同时，也可以看看现有物品是否可以替代，避免重复购买。

例如，你可以尝试打造一个极简的衣橱，每季只保留三套衣服、两双鞋子。通过定期整理和减少衣物数量，你会发现生活其实不需要那么多物品。朋友和同事甚至不会注意到你只有几套换洗衣服，这样做不仅节省了开支，还让生活更加整洁、有序。通过这种方式，你的生活质量并没有下降，但开支却能显著减少。

规划和记录消费、优先级排序法及极简主义生活方式，不仅能帮助你节省开支，还能提升你的生活质量，让你每一分钱都花得更有价值。

避免消费陷阱，谨防踩坑

对普通人来说，消费就是我们与资本之间的一场博弈。你如果不在乎钱，那么可以随心所欲地花费；但你如果在乎每一分钱，就要避免陷入消费陷阱。

以下是六个最常见的消费陷阱。

1. "粉红税"

你可能没有意识到，同样的产品，卖给女性的往往比卖给男性的贵。商家通过不同的包装和设计，针对女性消费群体进行过度包装，价格可以提升 37% 左右。例如，男款耳机和女款耳机、男款洗面奶和女款洗面奶的售价差别很大，因为很多时候女性愿意为漂亮的包装买单。

> 应对方法：网购时尝试换个思路吧！比如，买瑜伽垫时，搜索男士瑜伽垫，通常性价比更高。这样不仅能省钱，还能避免不必要的消费支出。

2.会员自动续订

手机App越来越多，为了享受优质内容和服务，很多人选择开通会员。然而，初期低价吸引你，后续的自动续费却让人防不胜防，导致不必要的支出。

> 应对方法：立刻检查并关闭你所有App的自动续费功能吧！不要盲目购买会员，考虑是否真的需要这些App的服务，理性选择可以避免很多隐形消费。

3.套装可能比单买更贵

我们总是认为套装更划算，如一整套的化妆品或套餐食品。实际上，很多时候套装比单买还贵，商家只是为消费者提供了便捷服务，而不是价格优势。

> 应对方法：购物时别懒，花点时间比较一下单价，而不是总价。虽然有时为了便捷直接付费可以理解，但更多时候细心比较单价，则会让你省下不少钱。

4.制造"你拥有，你也可以"的假象

商家总是营造各种氛围，让你憧憬使用产品后的美好感觉，制造"你拥有，你也可以"的假象。结果，你为虚无缥缈的未来幻想买单，从而产生了冲动消费。

应对方法：别轻易被商家的营销手段打动！购物前你要给自己设定冷静期，避免冲动消费。记住一点，你看到的不一定就是得到的，要理性思考后再决定是否购买。

5.便捷的电子支付

电子支付方便快捷，但也让钱花得越来越快。微信、支付宝等扫码支付行为，减少了你支付的痛感，却也更容易导致"野性"消费。

应对方法：尽量使用现金支付，或者设定每月的电子支付限额，每次支付前多斟酌。这样能有效地控制消费欲望，避免在无意中花掉计划外的钱。

6.常见的营销手段

满 200 减 30、满 300 减 50、满 99 包邮、加 1 元换购一件、会员连续包月……这些看似诱人的促销手段，其实是让你为了获得"优惠"而花更多的钱。积少成多，这些小开销加起来也是一笔不小的费用。

应对方法：购物时保持冷静，不要为了表面上的优惠而花出更多的钱。明确自己的购物清单和购物需求，不被打折和促销影响，要理性消费。

屏蔽营销广告，守护自己的钱包

广告无处不在，它们随时随地都在吸引你的注意力，并试图诱导你消费。无论你是在刷手机、看电视，还是走在大街上，各种营销手段都会扑面而来，刺激你的消费欲望。你如果不想被广告诱导而消费，就要看好自己的钱包，主动屏蔽营销广告。

识破广告策略：了解广告的心理学原理

你为什么会被那些广告诱导而消费呢？是因为广告商深谙消费心理学，他们通过心理学技巧来吸引和影响消费者。了解消费心理学原理，可以帮助你识别和抵制广告的诱惑。

1.常见广告策略

（1）稀缺效应。这类广告往往告诉你，某产品限量或限时销售，给消费者制造一种紧迫感，让你担心错过机会。

（2）从众效应。这类广告展示很多人都在购买或使用某个产品，给消费者营造出一种"大家都在买，我不买就吃亏、就后悔"的心理。

（3）情感诉求。这类广告通过感人的故事或有趣的内容触动你的情感，让你对某品牌或产品产生好感，从而产生购买行为。

2.应对方法

理性分析广告内容，冷静思考自己的实际需求，不盲目跟风。

（1）设定购物冷静期。对于任何非必需品，你可以设定一个24小时的冷静期。在冷静期内，详细评估自己是否真的需要该商品，避免自己冲动购买。

（2）识别心理陷阱。每天花几分钟时间学习和了解常见的广告心理学技巧，增强自我防御能力。例如，可以阅读相关书籍或观看视频，了解广告如何利用稀缺效应、从众效应和情感诉求等手段来影响你。

（3）建立购物优先级。根据个人对物品的需求和物品的重要性，你可以对所有潜在购买物品进行重要级排序。这样，当面对广告诱惑时，你可以更理性地判断该商品是否在你的优先购买范围内。

（4）定期反思消费行为。每个月或每季度，你可以进行一次消费反思，回顾自己过去一段时间的购物行为，分析哪些消费是因为广告诱惑，而哪些是自己真正需要的。通过这种自我反思，你可以不断提高自己的消费理性程度。

 控制消费冲动：制订购物计划

一旦发现你的消费冲动源自广告诱导时，你该怎么办呢？制订购物计划，严格控制自己的消费行为，是抵御广告诱导消费的有效方法。

1. 应对方法

在各购物软件上设置预算提醒功能，一旦超过设定额度时你就会收到提醒。利用价格追踪工具，你可以监测心仪商品的价格变化，避免因广告促销而盲目购买。

2. 具体措施

购物清单：在购物前列出你需要购买的物品清单，严格按照清单购物。

预算控制：设定每月的购物预算，控制自己的消费总额。

 远离诱惑：减少广告暴露

减少广告暴露的机会，是屏蔽营销广告直接、有效的方法。通过调整自己的生活习惯和上网习惯，你可以大幅减少被广告干扰的机会。

1. 应对方法

设置手机上的屏幕使用时间限制，减少购物 App 和社交媒体的使用时间。利用"请勿打扰"模式，在特定时间段屏蔽所有广告通知。

2. 具体措施

（1）减少逛街次数。尽量减少去购物中心和商业街的次数，避免被琳琅满目的商品吸引。

（2）减少网购平台的浏览次数。不要频繁打开购物 App 和网站，减少被推荐商品诱惑的机会。

（3）取消订阅促销邮件。定期清理邮箱，取消不必要的促销邮件订阅，减少广告干扰。

 警惕营销手段：满减、包邮和换购

而对层出不穷的营销手段，如满 200 减 30、满 99 包邮、加 1 元换购等时，你该如何应对呢？

1. 应对方法

在购物时，你应保持清醒的头脑，避免被表面的折扣诱惑。制定明确的购物清单和需求，确保消费决策是基于真正的需要，而不是折扣和促销活动。理智地评估每次消费的价值，确保花费与自身需求和预算相符，从而更明智地消费。

2. 具体措施

（1）抵制促销诱惑。避免在促销高峰期浏览购物平台，因为你越是频繁地看折扣信息，就越容易受到诱惑。

（2）衡量实际需求。每次看到促销广告时，你都要问问自己："如果没有这个折扣，我还会买吗？"你的答案如果是否定的，那就不要买。

（3）设定预算提醒。在购物 App 上设置预算提醒功能。当接近或超过设定的消费额度时，你就会收到提醒，这样可以帮你控制开支。

（4）定期清理购物车。购物车里的商品，常常是你冲动之下加入的，只要学会定期清理，就可以避免冲动消费。

 分期陷阱：小钱堆成大钱

分期付款如同一把双刃剑，它一方面让你能够更轻松地享受高价值商品，另一方面可能导致你在不知不觉中支付更多的费用。例如，一部 5000元的手机，通过分期付款计划，你每月只需付款 500 元，听起来很划算，但实际总支出会因为利息和手续费变成 6000 元甚至更多。这些隐性费用往往被忽略，最终让小钱堆成了大钱。

1.应对方法

在选择分期付款前，你务必详细了解所有的相关费用，包括利息和手续费。将分期付款的总支出与一次性支付的总支出进行对比，确保自己清楚某产品真实的成本。与其盲目地选择分期付款，不如考虑其他替代方案。例如，可以购买一部性价比很高的二手手机，或者可以查看是否有无息分期或者零利率的促销活动，也可以等到打折季再购买。

2.具体措施

（1）全款优先。在经济条件允许的情况下，优先选择全款支付，避免分期付款带来的隐性费用和利息支出。

（2）理性评估。在购买高价商品前，进行充分的市场调研和价格比较，评估该产品是否真的物有所值。

（3）储蓄购买。如果确实需要购买高价商品，可以通过储蓄的方式积攒资金，减少分期付款的利息负担。

（4）避免小额多次分期。小额多次分期的行为，乍一看负担不大，但加起来会形成可观的债务，因此要尽量避免分期购买非必要的物品。

第二章
节俭有招，把钱花在刀刃上

　　许多人在日常生活中常常感觉钱不够花，其实，只要掌握一些节俭妙招，就能让每一分钱都花在刀刃上。节俭并不意味着吝啬，而是通过明智的消费来提高生活质量。本章将分享一些实用的节俭策略和技巧，帮助你在日常生活中养成健康的消费习惯，逐步实现财富的积累，让每一分努力都能看到回报。这不仅是个人财务管理的智慧，还是提升生活幸福感的窍门。

月薪 5000 ~ 8000 元，该怎么花

有人问："我月薪 5000 多元，该怎么合理利用，才不浪费呢？"类似的问题我听到过很多。月薪 5000 ~ 8000 元，是一个典型的收入区间。合理规划的话，可以很快攒下第一笔钱，迈入 10 万元存款大关。但若不加节制，就会很快变成"月光族"。

为了避免成为"月光族"，每月工资到账后，请严格执行三字诀：分、转、投。

"分"，即分配，将收入按比例分成生活开销、储蓄和投资几部分；"转"，即转移，把储蓄和投资的部分立即转入专用账户，避免被自己随意花掉；"投"，即投资，将闲置资金投入稳健的理财产品，确保资金增值。

假如你每月的税后工资是 6000 元，你就可以按以下方式来处理这笔钱。

 第一步：分

很多人成为"月光族"的原因主要是，有多少钱就花多少钱。为了改变这一状况，你一拿到工资就要将其分成四部分，其中，50% 用于日常生活开销；20% 存入应急备用金，主要是指一些延迟的大项支出；20% 用于

长期储蓄；10%用于一些弹性消费。这就像鲁迅先生说的，"时间就像海绵里的水，只要愿挤，总还是有的"。同样，存钱也是这样。你只要愿意存，总能存到钱。

1.日常生活开销（50%，3000元）

这部分主要用于日常必需开销，包括房租或房贷按揭（1500元）、饮食（1200元，包括家里做饭和外出就餐）、交通（200元，如公交、地铁费用），以及水、电、天然气和通信费用（100元）。

2.应急备用金（20%，1200元）

这部分资金用来应对医疗费用（如看病和买药品，200元）、社交费用（200元）、突发情况（如紧急维修，200元）和一些延迟的大项支出（如年度保险或学费储备，600元）。

3.长期储蓄（20%，1200元）

这部分资金用于未来的长期目标，投资理财（300元）、固定存款（500元）、购房或购车资金（400元）。

4.弹性消费（10%，600元）

这一部分用于不固定的开销，如娱乐休闲（300元，包含电影、聚餐、健身等）、非必要购物（200元，包含衣物、电子产品等）、礼品支出（100元，给亲友买礼物、参加社交活动等），以及在有余力时的短期储蓄或低风险投资。

 **第二步：转**

有了明确的分配方案以后，接下来就是将不同用途的资金转入不同的账户，便于管理和使用。具体来说，你可以按照以下方式进行转账。

1. 日常生活开销

每月一发工资，先转 3000 元到余额宝或类似的灵活取用账户，用于日常消费。这些钱主要用于房租、饮食、交通和通信等基础生活费用。

2. 应急备用金

转 1200 元到一个灵活存取的货币基金账户，用来应对医疗费用、家用电器维修和突发事件等。

3. 长期储蓄

将 1200 元转入一个专门的储蓄账户或定期存款账户，这部分资金用于未来的长期目标，如旅行、进修、购房、购车等。

4. 弹性消费

每月将 600 元留在工资卡里，用于娱乐休闲、非必要购物和礼品支出等弹性消费。由于这笔钱较为灵活，你可以在刷卡或取用时特别注意余额，提醒自己不要随便乱花。这笔钱还可以用来投资自己。比如，利用这笔钱报一个培训班，提升自己的专业技能。

 **第三步：投**

分配好了要花的钱以后，最后一步就是投资了。对于刚开始理财的人来说，投资主要以中低风险的产品为主，同时尝试一些高风险的长期投资，以逐步提升自己的投资能力和收益。

假如你每个月的投资额是 1000 元，那么具体的投资方案可以实施如下。

1. 中低风险投资（800 元）

建议将 800 元投资于低风险的固定收益类理财产品。目前，创新存款是一种不错的选择，它既可以保证本金安全，又能提供比普通存款更高的利息收益。在工资发放后的第二天，你就可以进行这笔投资，以确保资金能够及时增值。

2. 高风险长期投资（200元）

建议将200元用于定投指数基金，如沪深300类主流指数，或者中证红利指数这类长期表现良好的价值指数。定投可以摊平成本，降低市场波动带来的风险。通过长期坚持定投，你不仅能获取较高的长期收益，还能亲身体验市场的涨跌，提高自己的投资敏感度和心理承受能力。定投也可以选择在每个月发工资后的第二天进行，这样可以形成一个固定的投资习惯，同时也方便管理。

通过分—转—投这三步，你不仅可以合理分配收入，还能有效地管理和使用资金，逐步培养你的理财能力和投资习惯。

断舍离，砍掉不必要的花销

别再迷信"钱是赚出来的，不是攒出来的"。一年赚100万元却只存10万元的人，不如一年赚30万元却能存15万元的人会存钱。2020年，《余额宝90后攒钱报告》显示，"90后"越来越爱攒钱。2020年上半年，"90后"平均不到4天就往余额宝存一笔钱，其中超一半每次存的钱不到20元。

因此，你要有富人思维，分清楚"想要"和"必须"。每次消费前你都要问自己："我真的需要这个吗？它能解决我什么问题吗？"

记住，"奔着目标买，买你真正需要的"。只要牢记两条"不要"原则、四个"不等于"原则，你就能减少不必要的花销。

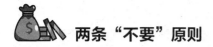 两条"不要"原则

1. 不要轻易听信销售人员推荐的

有一次，我本来打算花 300 元买一个基础款的电饭煲，但在家电商场里，导购员热情推荐了一款多功能电饭煲。她说某款电饭煲不仅能煮饭，还能煮粥、炖汤、做蛋糕，现在购买还有优惠和赠品。

在导购员的诱导下，我最终花了 1500 元买了那款高端电饭煲。回到家后，我才发现自己平时只用电饭煲煮饭，其他功能几乎用不上，赠品也放在一旁没用。那次经历让我明白，购物时一定要记住自己的真实需求，不要轻易听信销售人员的推荐。

2. 不要闲逛

购物时，要明确自己的需求，不要随意闲逛。你如果只需要一瓶洗发水，就直接前往日用品区选购，别想着顺便看看其他商品。网购也是同理。不要打开电商 App 随意闲逛，因为推荐算法会推送给你各种商品，让你忘记自己原本的购物目标。

为了避免非理性消费，你可以采取以下小技巧。一是直奔目标，下单后立刻关闭 App，这样能避免多余的消费。比如，你只需要买一瓶洗发水，就直接搜索并购买，其他的都不要看。二是将喜欢但不是必需品的商品先放入购物车，过几天再决定是否购买。通常，三天后如果你还是想要，再下单也不迟。

值得注意的是，不要在深夜逛电商 App。人在深夜容易感性消费，第二天常常会后悔。为了杜绝随意网购，你可以试试卸载购物软件，有需求时再下载，使用完立即删除。这样能有效地减少无意识的消费次数，从而让你更主动地控制支出。

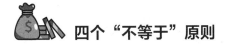 **四个"不等于"原则**

1. 新品不等于有用

商场和电商平台推出新款商品时，你很可能会被吸引，觉得自己早买早赚。然而，这并不代表你真的需要那些商品。

比如，化妆品品牌经常上新，每次推出新色号口红、新配方面霜时，你都会觉得非买不可。但冷静想想，有没有这些新品，似乎对你的生活并没有影响。

电子产品也是如此。新品发布会宣传产品的新功能、新优惠时，让你觉得自己必须买。但如果没有新品发布会，你真的急需某款新手机或新电脑吗？未必。

所以，下次看到新款时，你先问问自己："这真的是我需要的吗？"你要冷静后再做决定，避免盲目消费。

2. 便宜不等于需要

逛超市时，你是否常常发现自己买了很多不需要的东西，账单超出预算？这是因为超市的布局设计引导你购买更多商品。

比如，超市会把入口和出口设置得很远，迫使你走完整个商场，增加你的购物时间。超市的过道两侧会摆满促销商品，让你觉得不买就吃亏。同样的商品在不同地方多次出现，比如，很多超市会在多个货架上放置高频消费品，不断提醒你消费。

你会看到促销的商品贴着诱人的价格标签，特别是在扶梯旁边的零食和日用品，暗示你"便宜又划算，快买吧"。你还会发现，货架中间平行视线高度的商品通常更贵，而顶层或底层的商品相对便宜。因此，逛超市时，别冲动购买。

在线上购物时，别为了促销、满减而凑单。问问自己，那些商品自己真的需要吗？如果不是必需品，只是因为打折而买，那很可能是浪费。对于那些必需品，如牙膏、纸巾等，可以在打折时适量囤货。

因此，不要因为价格便宜就购物。理性面对商家的促销，问问自己是否真的需要，这样才能避免不必要的消费。

3. 品牌不等于需要

商家常通过广告暗示你，买他们的产品，你就会变得精致、时尚，但你的生活和财务状况真的会因为买了某个品牌的商品而改变吗？

很多时候，你不是在为自己真正需要的东西花钱，而是在为"精致"这个概念消费。这样的消费往往是为了满足你的攀比心和虚荣心，是被商家塑造出来的需求。

其实，你很多所谓的喜欢，是因为别人有，你才想要。所以，购物时，你要问问自己："这真的是我需要的吗？还是只是为了跟风？"理性消费，避免无谓的攀比，才能真正提升生活质量。

4. 赠送不等于需要

逛商场时，常遇到买东西送礼品的情况，如买咖啡送杯子，买洗发水送小毛巾。虽然这些赠品看似免费，但实际上占用了你的空间和时间。

过去，朋友送我礼物时，我都会收下并表示感谢。后来，我发现这些东西对我并没有实际用途，反而增加了整理和收纳的麻烦。所以，我现在尽量不接受礼物和赠品，只买真正需要的物品，淘汰不必要的物品，让生活变得更简约。

三个记账方法，把必需支出降到最低

我们都知道开源节流是积累财富的关键，但很多人因为忙碌而无法坚持记账，尤其是零散的小额开销，总是难以记录。现在分享3个简单而高效的记账方法，帮助你轻松养成记账习惯，并有效地控制支出。

1. 连续记账3个月

从现在起，连续记账3个月，把所有的基本生活开支（吃饭、购买新衣、住房、交通）都记录下来，算出每个月的大致花费。这样做的目的是做预算。比如，你发现自己每月吃饭花了800元、交通花费200元，总共1000元，那么你发工资后可以先把这1000元留作基本开销，剩下的钱再做其他安排。

有时候，你的花费会超出预算。为了避免这种情况的发生，建议你在计算出平均花费后，将总额乘1.5，这样更贴近你真实的消费情况。举例来说，你的基本生活开支预算是1000元，乘1.5后就是1500元，这样就能应对一些突发的开支。

2. 选择性记账

每个人对不同金额的感觉都不一样。一些对大笔花销敏感的人，可以根据你的"痛感"，找到支出的临界点。比如，你对花200元买某样东西觉得有点心疼，那么你就以200元为基准，每次花200元或更多时记账。这样可以帮助你控制支出，避免不必要的冲动消费。

3. 电子账单记账

现在我们经常使用电子支付，如微信支付。微信支付会自动帮你记录消费明细，如图 2-1 所示。你可以通过设置每天接收前一天的记账日报，非常方便，如图 2-2 所示。你可以看到消费的具体项目、金额和日期，每天或每月查看这些账单，掌握自己的消费情况。

利用这些电子账单，你可以轻松跟踪自己的消费习惯，发现哪些支出是必要的，哪些是不必要的。这样不仅省时省力，还能通过数据分析优化你的消费行为，从而使你做出更明智的财务决策。

 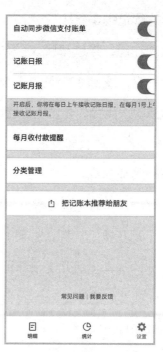

图 2-1　微信支付自动记录的消费明细　图 2-2　微信的记账日报信息设置

如何把一元钱当五元钱花

"少花钱、多办事"，是每个理财达人都需要掌握的技巧。比如，把一元钱当五元钱花，并不是让你苦待自己，而是通过聪明的消费方式，让每一元钱都发挥最大的价值。通过合理规划和精明选择，你可以在不降低生活质量的情况下，达到节省开支的目的。

 **购物的艺术**

通过巧妙的购物策略，你可以用更少的钱买到更划算的商品。

1. 货比三家，巧用折扣

购物前花点时间做一下调查，货比三家，找到物美价廉的商品。线上购物平台，如淘宝、京东等常常有各种促销活动，合理利用这些促销活动可以省下一笔开支。比如，"双十一"期间，许多商品打折力度比较大，而且还能叠加各种优惠券和满减活动，最终到手价可能比平时便宜很多。

2. 二手市场的宝藏

许多物品在二手市场中依然保持良好的使用状态，但价格大幅降低。例如，二手书籍、二手电子产品甚至二手家具，这些都可以在二手交易平台，如闲鱼、转转等上找到。比如，你想买一台相机，原价 5000 元的相机在二手市场可能只要 3000 元，而且成色很好，功能也完全满足需求。通过这种方式，你不仅拥有了自己喜欢的相机，还省下了 2000 元。

同样，不要忽视身边的朋友圈子，有时候别人的闲置物品也能成为你的实惠选择。比如，邻居最近搬家，想便宜处理一些家具，而你正好需要一个书架，这样你就能以非常优惠的价格将书架买下来。

3. 自制与 DIY

有时候，自己动手也可以节省很多开支。比如，自己烹饪比外出就餐不仅更经济，还能确保饮食质量。此外，DIY 简单的家居装饰、小物件，也能省下一笔维修费和装饰费。例如，小李家里的椅子坏了，他在网上找了一个教程，自己动手修好了椅子，省下了请人维修的费用。现在，网上有很多技能相关的教程和视频，教你如何用低成本制作高质量的物品，既省钱又让人有成就感。

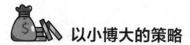 **以小博大的策略**

在精打细算和理性消费的基础上，你可以通过共享经济、免费资源和社区活动，用更少的投入获得更多的回报，实现真正的以小博大。

1. 共享经济的力量

如今，共享经济的概念已经深入人心。通过合理利用共享资源，可以节省日常开支。例如，共享单车和共享汽车不仅方便，还能减少交通费开支。比如，每天上下班选择骑共享单车，不仅节省了公交车费，还锻炼了身体。

此外，共享办公空间、共享工具等也在逐渐普及。比如，你是一名自由职业者，不需要固定的办公地点，选择共享办公空间不仅节省了租金，还能结识更多志同道合的人，从而拓展你的人脉。

2. 免费资源的利用

网络上有很多免费的资源可以利用，如免费的在线课程、电子书籍、软件工具等。比如，你如果想学习一门编程语言，那就可以通过网络找到免费的学习资源，节省报培训班的费用。

同样，图书馆也是一个宝贵的资源库，很多书籍和资料都可以供你免费借阅。你如果喜欢阅读，可以去图书馆借书，这样不仅可以节省购书的钱，还能享受安静的阅读环境。

3.社区资源和活动

许多社区会定期举办各种免费或低成本的活动，如健身课程、手工艺工作坊、读书会等。如果你所在的社区每周都有免费的瑜伽课程，你坚持每周参加，不仅能节省去健身房的费用，还能结识很多新朋友。

社区资源不仅可以丰富你的生活，还能节省很多娱乐和学习的开支。多关注社区公告和活动信息，充分利用这些资源。

所以，节俭并不意味着委屈自己，而是通过智慧的消费方式，让你的每一元钱都发挥出最大的价值。

普通人精明消费必备 App 指南

在当今这个消费主义盛行的时代，省钱已经不再是简单的节衣缩食，而是需要借助科技的力量，通过合理的工具和策略来优化我们的消费行为。随着智能手机的普及，各类省钱 App 应运而生，成为现代人管理财务、寻找优惠的得力助手。这里将为大家介绍购物如何选择和使用省钱 App，帮助你在日常消费中轻松省钱。

如何选择适合自己的省钱购物 App

省钱购物 App 的种类繁多，功能各异，但它们的核心目标都是帮助用户以更低的价格购买到心仪的商品或服务。在选择省钱 App 时，我们可以从以下几个方面进行考量。

1. 价格优惠

这是省钱 App 最基本的功能。许多 App 通过与商家合作，提供独家折扣、优惠券或限时秒杀活动，帮助用户以更低的价格购买商品。比如，淘宝特价版通过源头直供的方式，减少中间环节，从而降低商品价格。用户不仅能在这类购物软件上找到低价商品，还能通过拼团功能享受更大的折扣。

2. 商品种类丰富

一个好的省钱 App 应该能够覆盖用户日常生活的各个方面，从食品、日用品到电子产品、服饰等，满足多样化的需求。比如，美团优选不仅提供生鲜食品，还有丰富的日用品选择，用户可以在一个平台上完成大部分购物，节省时间和精力。

3. 便捷的购物体验

无论是支付方式、物流服务还是售后服务，省钱 App 都应该提供流畅的用户体验。支持多种支付方式、快速的物流配送以及完善的售后服务，都是提升用户满意度的关键。比如，得物 App，不仅提供潮流单品，还有专业的鉴定服务，确保用户购买的商品是正品，让其购物体验更加安心。

4. 社区互动与推荐

一些省钱 App 不仅提供购物功能，还设有社区板块，用户可以分享购物心得、交流省钱技巧，甚至通过拼团等方式享受更低的价格。这种互动性不仅增加了购物的乐趣，还能帮助用户做出更明智的消费决策。比如，抖音商城通过直播带货和用户互动，让用户在观看直播的同时享受超值优惠。

如何高效使用省钱 App

1. 关注优惠活动

大多数省钱 App 都会定期推出各种促销活动，如限时秒杀、满减优惠、节日特惠等。用户可以通过设置提醒或定期浏览 App，及时抓住这些优惠机会。比如，某些 App 会在特定时间段推出"限时秒杀"活动，用户只需在指定时间内下单，就能以极低的价格购买到心仪的商品。

2. 利用拼团和团购功能

拼团和团购是省钱 App 中常见的功能，通过集中用户需求，平台可以与商家协商更低的价格。用户可以通过邀请朋友一起拼团，享受更大的折扣。这种方式不仅省钱，还能增加社交互动。

3. 领取优惠券和红包

许多省钱 App 会提供优惠券和红包，用户可以在购物前领取，结算时直接抵扣。这些优惠券通常与促销活动结合使用，能够进一步降低购物成本。比如，某些 App 会在用户首次注册时赠送大额优惠券，或者在特定节日发放红包。

4. 查看用户评价和推荐

在购买商品前，查看其他用户的评价和推荐是非常有帮助的。真实的用户反馈可以帮助你了解商品的质量和使用体验，避免踩雷。一些 App 还设有评分系统，用户可以根据评分和评价做出更明智的选择。

 如何利用省钱 App 最大化省钱效果

1. 多平台比价

虽然省钱 App 已经提供了较低的价格，但不同平台之间的价格仍然可能存在差异。用户可以通过多个平台比价，选择最优惠的购买渠道。比如，某些商品在 A 平台可能有满减活动，而在 B 平台则有更低的折扣价，用户可以根据实际情况选择最划算的平台。

2. 关注长期优惠

除了短期的促销活动，一些省钱 App 还提供长期的优惠策略，如会员制、积分返现等。用户可以通过成为会员或积累积分，享受更多的折扣和返现。比如，某些 App 会为会员提供专属折扣，或者通过购物积累积分，积分可以兑换商品或抵扣现金。

3. 合理规划购物时间

某些商品的价格会随着季节、节日等因素波动。用户可以通过观察价格走势，选择在价格较低时购买。比如，电子产品通常在"双十一"等大型促销节期间价格最低，而服装类商品则在换季时会有较大的折扣。

省钱 App 的出现，为我们提供了一种全新的消费方式。通过合理选择和使用这些工具，我们不仅能够以更低的价格购买到心仪的商品，还能通过社区互动、拼团等方式增加购物的乐趣。然而，省钱 App 只是工具，真正的关键在于我们如何运用这些工具，做出明智的消费决策。

记账工具，日常财务生活的得力助手

在数字化时代，记账工具已从简单的收支记录演变为多功能（从基础的收支记录到预算管理、财务分析，再到投资理财，一应俱全）、个性化的财务管理助手。如今的记账软件不仅注重基础功能的实用性，更通过趣味化设计、智能交互、社区服务等创新功能吸引用户。

常用记账工具的共性

1. 多样化的记账方式

除传统手动输入外，语音记账、自动同步银行卡／支付平台账单等功能逐渐普及。比如，部分记账工具支持语音输入（如松鼠记账），通过 AI 技术快速识别并分类记录，大幅提升了记账效率。

2. 趣味化与个性化设计

年轻用户更青睐界面美观、交互有趣的工具。如图 2-3 所示的叨叨记账，它以拟人化聊天形式记录收支，用户可自定义对话角色（如明星、宠物），搭配表情包和随机回复，能让记账过程充满互动乐趣。

图 2-3　叨叨记账趣味回复

3. 数据可视化与预算管理

主流记账工具均提供清晰的图表分析（如消费趋势、分类占比），并支持预算设定与超支提醒。比如，青子记账以淡雅色调呈现数据，滑动即可查看不同周期的财务概览，界面简洁直观。

4.附加服务拓展理财能力

部分记账工具整合社区交流、理财课程等功能。比如，鲨鱼记账开设"理财达人"社区和课程板块，用户可学习投资技巧，形成系统性理财思维。

 如何选择适合自己的记账工具

随着记账软件的多样化发展，用户在选择适合自己的工具时，往往会面临"选择困难症"。不同的记账软件在功能、设计、用户体验等方面各有侧重，如何从众多选择中找到最适合自己的那一款？以下将从多个维度出发，帮助你在选择记账工具时做出更明智的决策。

1. **明确核心需求：你记账的目的是什么**

在选择记账工具之前，首先要明确自己的核心需求。不同的人群对记账的需求差异较大，以下是一些常见的用户类型及其对应的需求：

（1）学生或初入职场的年轻人：这类用户通常收入有限，记账的主要目的是控制日常开销，避免"月光"。建议选择操作简单、界面友好的记账软件，如青子记账或叨叨记账，这些软件通过趣味化的设计降低了记账的门槛，帮助用户轻松记录每一笔支出。

（2）家庭用户：家庭记账通常涉及多个成员的收支管理，因此需要更强大的分类和预算功能。随手记和挖财等软件支持多账户管理、预算设定和财务报表生成，适合家庭用户进行全面的财务管理。

（3）自由职业者或创业者：这类用户收入不稳定，且可能需要管理多个收入来源和投资项目。他们需要功能更全面的记账工具，如挖财，它不仅支持日常记账，还提供投资管理、信用卡管理等功能，帮助用户全面掌控财务状况。

（4）理财爱好者：如果你对理财有较高的兴趣，希望通过记账软件学习更多理财知识，可以选择带有社区互动和课程学习功能的软件，如鲨鱼记账。这类软件不仅提供记账功能，还能帮助用户提升理财技能。

2. 功能与设计：你更看重什么

记账软件的功能和设计是影响用户体验的重要因素。不同的软件在功能和设计上各有特色，用户可以根据自己的偏好进行选择。

（1）功能全面性：如果你希望记账软件不仅能记录收支，还能提供预算管理、财务报表、账单提醒等功能，可以选择具备这些功能的记账软件。

（2）趣味化设计：如果你觉得记账过程枯燥，难以坚持，可以选择那些具备拟人化对话功能、提供趣味表情包等内容的软件，让记账变得轻松有趣。

（3）简洁与美观：如果你更注重软件的界面设计和操作便捷性，可以选择简约的卡通风格和小清新设计的记账软件，它们一般界面设计美观且操作简单，适合追求视觉体验的用户。

3. 跨平台与数据同步：你是否需要多设备支持

对于经常使用多个设备的用户来说，记账软件是否支持跨平台同步是一个重要的考量因素。许多记账软件支持手机、平板和电脑多终端同步数据，方便用户随时随地查看和管理财务。

4. 隐私与安全：你的财务数据是否安全

记账软件涉及用户的财务数据，因此隐私和安全性是选择时不可忽视的因素。在选择记账软件时，建议关注以下几点。

（1）数据加密：确保软件采用了可靠的数据加密技术，防止财务信息泄露。

（2）隐私政策：仔细阅读软件的隐私政策，了解其如何收集、使用和存储用户数据。

（3）本地存储与云同步：一些软件支持本地存储，数据不会上传到云端，适合对隐私要求较高的用户；而云同步功能虽然方便，但也需要确保其安全性。

5. 免费与付费：你愿意为记账软件花多少钱

大多数记账软件都提供免费版本，但免费版通常会有功能限制或广告。如果你需要更高级的功能，如无广告体验、更详细的财务报表或更多的自定义选项，可以考虑付费版本。

6. 社区与学习资源：你是否希望通过记账软件学习理财知识

对于一些用户来说，记账软件不仅仅是记录收支的工具，还是学习理财知识的平台。许多记账软件提供了社区互动和理财课程，帮助用户提升财务管理能力。

7. 用户体验与支持：软件的易用性和售后服务如何

用户体验和售后服务也是选择记账软件时需要考虑的因素。一个好的记账软件应该具备以下特点。

（1）操作简便：界面设计直观，操作流程简单，用户可以快速上手。

（2）客户支持：提供及时有效的客户支持，帮助用户解决使用过程中遇到的问题。

（3）更新频率：软件是否定期更新，修复漏洞并增加新功能。

记账工具的核心价值在于帮助用户建立财务意识并优化消费习惯。无论是通过趣味化设计降低使用门槛，还是以专业功能提升管理效率，选择时需结合自身需求与使用场景。建议优先试用1~2款工具，根据交互体验与功能匹配度再做决定。

第三章
处理好债务，卸下财务负担

　　负债带来的危机感是很多人挥之不去的烦恼，不管是信用卡账单、车贷还是房贷，都像一座座大山压在心头。年轻人总想着过上潇洒的生活，但面对债务危机，难免会感到压力巨大。本章将通过一些小技巧和实用建议，教你如何科学地处理债务问题，从而卸下心理负担。

债多不要慌，先搞清楚自己欠了多少

处理债务的第一步就是搞清楚自己到底欠了多少钱。信用卡、花呗、车贷、房贷，甚至从朋友那里借的钱，都要一一列出来。只有知道自己欠了多少钱，你才能制订有效的还款计划。

1. 列出所有债务清单

很多人负债以后，具体的债务情况也不梳理，谁催得急就先还谁的。工作没心思干，接着失业在家，最后失去了收入来源。你如果正经历这些，生活已经陷入恶性循环，接下来的内容将帮你设法改变这种状况。

首先，做一个详细的债务清单（见表3-1），梳理清楚所有的债务情况。

表3-1　个人债务清单

欠款机构名称	总欠款	月还本金	月还利息	月还罚息	可否续贷

第一步，记录信用卡，再记录正规贷款，如花呗、微粒贷、借呗、京东白条等，最后记录网贷。这个顺序是你还款的优先次序。然后列出每个月要还的本金、利息和罚息，这样可以方便对比各公司的收费是否合法。最后，搞清楚每笔贷款能否续贷，续贷的标准不是看贷款机构的要求，而

是看你自己能否实际操作。

第二步，确定自己目前的每月收入、手上的现金、信用卡可用额度，看看能否通过信用卡周转。再准备两张手机卡，以便在催收电话过多时使用。要记住，还款时优先还亲戚朋友的钱，因为贷款机构的钱还了不一定能再借出来，但亲戚、朋友的钱可以循环借。

2. 了解自己的资产状况

全面了解自己的资产状况是财务管理的基础。除了分析每月的收入和支出外，还需要对自己的整体资产有清晰的认识。这包括了解你的储蓄、投资、房地产、车辆等资产，以及任何负债，如贷款、信用卡欠款等。

首先，列出自己所拥有的资产项目，并为每项资产估算当前的市场价值。其次，记录所有负债的金额和利率，以便清楚地了解净资产状况。最后，定期评估这些资产和负债的变化情况，可以更好地掌握财务状况。

3. 分析支出

我们的所有支出项目大体分为两类：固定支出和可变支出。

固定支出，指的是那些金额和频率相对稳定的开销。这通常包括房贷或租金、车贷、日常饮食费用、公共交通费用，以及固定金额的贷款和信用卡还款等。虽然每个人的具体支出项目可能有所不同，但这些类别可以作为规划基本预算的参考。

可变支出，则指那些金额和频率不固定的开销。这类支出通常包括娱乐、社交、外出就餐、购买衣物等非必需的消费。虽然每笔花费可能不大，但累积起来就会对你整体财务状况产生显著的影响。

列出所有支出后，可以更清晰地看到哪些开销是必要的、哪些开销是可以缩减的。

4.给生活做减法

这一步就是要把第三步整理出来的可有可无的支出尽量全部剔除。负债期间，你必须严格执行省钱计划。取消偶尔的奶茶、电影和新衣服的消费，这些消费可以等到财务状况好转后再考虑。暂时减少这些开销，意味着你离无债一身轻的目标更近一步。记住，你这只是暂时的牺牲，为的是更长远的财务自由。

5.执行还款策略

执行还款策略是管理债务的重要一环。以下是两种公认有效的方法。

第一种方法是"债务雪球法"。按照欠债金额的大小将债务从小到大排序，优先全力偿还最小的那笔债务，其他债务只还最低还款额。一旦最小的债务还清，再用同样的方法处理下一笔最小的债务。这种方法的优势在于逐步减少债务数量。每清偿一笔债务，心理压力也会减轻，同时每月还款压力也保持在较低的水平。

第二种方法是"高息优先法"。按照利率高低对债务进行排序，首先集中精力偿还利率最高的债务，其他债务只支付最低还款额。这种方法的主要目的是减少总体利息支出，从而减轻总还款压力。

不同债务的还款优先级

现代社会的消费文化催生了各种新型债务形式。除了传统的房贷、车贷，各种消费分期、信用贷款、网络借贷等新型债务工具层出不穷。这些债务工具在提供便利的同时，也容易让人陷入过度消费的陷阱。

债务压力对个人生活的影响是全方位的。它不仅影响个人的财务状况，还会造成心理压力，影响家庭关系，甚至威胁到个人的职业发展。许多年轻人因为债务问题不得不推迟结婚、生育等人生大事。

忽视还款优先级的后果是严重的。错误的还款顺序可能导致高额利息的累积、信用记录的恶化，甚至面临法律诉讼。现实中，很多人因为缺乏科学的还款规划，最终陷入债务危机。

 债务优先级评估体系

评估债务优先级需要考虑多个维度。首先是债务利率，高利率债务应该优先偿还；其次是债务性质，涉及个人信用的债务需要优先处理；最后是债务金额，小额债务可以优先清理以减少债务数量。

不同债务的风险评估至关重要。抵押贷款虽然金额大，但风险相对较低；而信用贷款、网络借贷等无抵押债务，一旦逾期可能面临更严重的后果。此外，还要考虑债务的违约成本，包括罚息、信用损失等。

个人财务状况的评估是制订还款计划的基础。需要全面考虑个人的收入水平、支出结构、资产状况等因素。建议制作详细的资产负债表，清晰了解自己的财务状况。

 制定与实施科学的还款策略

针对不同债务需要采取不同的还款策略。对于高利率的信用卡债务，可以采用"雪崩法"优先偿还；对于多笔小额债务，可以采用"雪球法"逐个击破。同时，要合理利用债务重组、利率优惠等工具。

这里我们就对两种科学的债务还款策略"雪崩法"和"雪球法"进行

介绍。

1. 雪崩法（Avalanche Method）

雪崩法的核心是优先偿还利率最高的债务。这种方法从财务角度出发，旨在最小化利息支出，从而降低整体还款成本。其具体操作如下。

步骤一：列出所有债务，包括债务类型、余额、利率和最低还款额。我们以表3-2中某人的债务数据为例。

表3-2　某人的所有债务基本情况

债务类型	余额（万元）	利率（%）	最低还款额（元）
信用卡 A	1 万元	18	500
信用卡 B	2 万元	15	800
个人贷款	5 万元	8	2000

步骤二：按利率从高到低排序，如表3-3所示。

表3-3　按债务的利率高低排序

按利率从高到低的债务排序	债务类型	利率（%）
1	信用卡 A	18
2	信用卡 B	15
3	个人贷款	8

步骤三：优先偿还高利率债务。在保证偿还所有债务的最低还款额的前提下，将额外的资金优先用于偿还利率最高的债务（信用卡 A）。

步骤四：逐步击破高利率债务。当利率最高的债务还清后，将原本用于还款的资金转移到下一个利率最高的债务（信用卡 B），以此类推。

雪崩法还款策略的优点是可以通过优先偿还高利率债务，减少利息支出，长期来看更经济，适合对数字敏感、注重财务效率的人。但该还款策略也有一定缺点，比如见效较慢，如果高利率债务的金额较大，那可能需要较长时间才能看到明显的进展。

2.雪球法（Snowball Method）

雪球法还款策略的核心是优先偿还余额最小的债务。这种方法从心理激励的角度出发，通过快速还清小额债务，来增强还款信心和动力。其具体操作如下。

步骤一：列出所有债务，包括余额、利率和最低还款额，我们还是以表3-2中的某人债务数据为例。

步骤二：按债务余额从低到高排序，如表3-4所示。

表3-4　按债务余额从低到高排序

按债务余额从低到高排序	债务类型	余额（万元）
1	信用卡A	1万元
2	信用卡B	2万元
3	个人贷款	5万元

步骤三：优先偿还最小额债务。在保证偿还所有债务的最低还款额的前提下，将额外的资金优先用于偿还余额最小的债务（信用卡A）。

步骤四：逐步积累还款动力。当最小的债务还清后，将原本用于还款的资金转移到下一个余额最小的债务（信用卡B），以此类推。

雪球法还款策略的优点是可以通过快速还清小额债务带来成就感，来增强还款动力，比较适合那些需要即时反馈和激励的人。不过该还款策略也有一定的缺点，因为它未优先偿还高利率债务，可能导致利息支出增加；

如果碰上大额债务利率较高，可能会延长整体的还款时间。

在实践中，你可以根据自身的情况来选择使用这两种还款策略，或者你可以尝试混合使用这两种还款策略：先用雪球法快速还清几笔小额债务，获得心理激励；然后用雪崩法集中偿还高利率债务，降低利息成本。

总之，在制订还款计划时，要平衡短期压力和长期规划。既要考虑当前的还款能力，也要为未来的财务目标留出空间。建议将收入的固定比例用于还款，同时建立应急基金。

当然，要建立可持续的还款机制，需要培养良好的财务习惯，比如养成记账习惯、进行预算管理、理性消费等。同时，要定期复盘还款计划，根据实际情况进行灵活调整。

智慧借贷，激活每一元钱的潜力

智慧借贷，不仅仅是一种融资手段，更是一种智慧生活的艺术。通过精准匹配需求与资源，能让人们跨越资金障碍，把握每一个成长与投资的机遇。

 借贷杠杆的作用

债务本身是一种杠杆，方法用对，资产翻倍；方法用错，血本无归。

比如，用别人的钱来做杠杆，就是借别人的资金投资来赚取回报；就是企业家通过聘请不同的专业人士来提高公司的运作效率。所以，杠杆是相对的，在杠杆上只有两种角色，你如果不是主动用杠杆的人，那么就可能成为被杠杆压倒的人。

10年前，有人在上海买了一间商铺。

这间商铺市场价约为300万元，贷款比率为66%（贷款200万元＋首付100万元）。

几年后，商铺市场价涨到450万元。这个人利用增值金重新申请房贷，以450万元市值和70%贷款比率，得到了315万元的新贷款。

新贷款315万元，偿还旧贷款200万元后，这个人手头多了115万元现金。这个人虽然月还贷金额增加，但商铺租金收入依旧能支付这些费用。

接着，这人又用这115万元现金投资了一家回报率高的小型连锁餐馆。餐馆营收稳定，为他带来了持续的现金流。

几年后，这间商铺升值到600万元，这个人又进行了转贷操作。他新贷款420万元，偿还旧贷款315万元后，手头又多了105万元现金。他将这笔钱部分用于餐馆扩张，部分投入高收益理财产品，获取额外收益。

从这个案例可以看到，巧妙地利用借贷和杠杆，可以让财富有效地流动起来，实现资产增值。当然，其中最关键的是要选择合适的投资项目，以稳健的方式操作，避免高风险。

 什么情况下可以借贷

并非任何时候都适合借贷，但在以下几种情况下，借贷是明智的选择。

1. 投资回报率高于借贷利率

你正在考虑的投资项目预计回报率显著高于借贷利率。例如，借款利率为5%，而投资项目的回报率为10%，那么从息差中获利显然是划算的。

2. 投资项目可以产生稳定的正现金流

你投资的资产能够持续带来现金流，如租赁房产的租金收入、债券基金的利息收入等。这些稳定的收入可以用于偿还借贷，降低你的财务风险。

3. 投资期限与负债期限匹配

确保你的投资项目的寿命和收益周期等于或大于贷款的还款期限。例如，你购买一处预期寿命为20年的商业物业，用于偿还期限为15年的贷款，这样可以避免中途资金链断裂的风险。

4. 紧急情况下的流动资金需求

你遇到紧急情况需要大额资金，如医疗紧急支出、紧急家庭维修等。在这种情况下，借贷可以帮助你快速获得所需资金，解决燃眉之急。

5. 提升信用评分

通过合理借贷和按时还款，你可以逐步建立和提升自己的信用评分。这在未来需要大额贷款（如房贷、车贷）时非常有帮助。

6. 利用税收政策

关注国家针对借贷的税收减免政策。利用这些政策可以有效地降低借贷成本，提高投资回报。例如，住房贷款利息或住房租金在纳税人计算个人所得税时可以扣除，从而降低利息成本。

合理的借贷不仅能够帮助你实现财务目标，还能在通货膨胀时期保值增值。如果你对投资回报不确定，那么建议你谨慎行事，因为借贷也可能放大损失。聪明借贷，让每一分钱都为你高效地服务。

如何把负债变成"良友"

要想把负债变成积累财富的"良友",需要满足以下三个条件。

1. 负债不能用于消费

若将负债用在日常支出、旅行或偿还其他债务上,则会招来更多的劣债。因此,一定要将负债用在能够产生额外利润或有助于资本扩张的地方。借钱的目的是让钱帮你赚钱,而不是单纯地消费。

2. 借助固定收入,让债务创造稳定收益

再优质的投资,如果没有稳定的现金流作为支撑,最终也会因债务压力而失败。因此,确保有足够的财务余力来持续支付债务利息是至关重要的。理想情况下,应该通过投资所产生的利润来覆盖这些利息成本。

例如,假设一位投资者以年化 4% 的利率贷款购买了一处商用物业,月还款额为 3000 元,而该物业每月产生的租金收入为 8000 元。在这种情况下,租金收入能够完全支付贷款的利息和本金,并额外产生 5000 元的净现金流。这种安排不仅确保了债务的可持续管理,还能提供资金用于再投资或建立应急储备,从而有效规避因收入不足而导致的财务困境。通过精心选择投资项目并确保其现金流的稳定性,投资者能够在降低财务风险的同时实现长期收益增长。

3. 投资中创造的 ROE(净资产收益率)必须高于负债利息

投资利息低于负债利息,负债自然就成了劣债。用年利率 3% 的贷款购买年利率 6% 的资产,偿还利息后还能剩余 3% 的收益。比如一家公司生产的产品利润率是 30%,增设工厂能赚取更多的利润,而用于增加生产线的贷款利息是 5%,那么生产线上的剩余利润则可以达到 25%,这就是良债。如果遇到劣债，就要学会及时止损。

把负债变成"良友"，需要合理地利用贷款、控制利息支出并通过投资实现更高的收益。负债是把双刃剑，聪明的借贷和投资是你的帮手，而不是负担。

第四章
主动存钱，从零到万的财富逆袭

对大多数人来说，人生的第一笔存款，是靠主动存钱积累起来的。不要以为存钱是件乏味又痛苦的事，只要掌握正确的方法，你就会发现它其实充满了成就感和乐趣。本章将带你一步步拆解存钱的秘诀，从制订计划、设定目标，到逐步执行，让你的存款金额稳步增长。

会合计，省大钱，积少成多

大多数人都有这种表现：对小钱锱铢必较，对大钱却毫不在意。我们会在淘宝上花一晚上货比三家，纠结于 50 元的小物品；但在买房、买车这些大额支出的决定上，却缺乏讨价还价的能力，几乎没花多少时间就做了决定。为什么会这样呢？

这很可能与人们的"心理账户"有关，即人们在心理上会将钱分为不同的账户，每个账户有不同的用途和优先级。对于小额支出，人们往往将其归类为"日常开销"，因此会格外谨慎，力求每一分钱都花得值。而对于大额支出，如买房、买车，人们则将其视为"投资"或"长期支出"，心理上更容易接受较高的金额，甚至认为"大钱花得值"。

那么，为了改变这种状况，人们该如何做呢？

 **先不用钱**

每次想花钱前，先想想自己有没有办法不用钱达成目标。有人说："能花钱的事，就别花时间。"是花钱还是花时间，它取决于哪个对你来说更重要。如果你刚工作，钱少但时间多，那当然是花时间省钱。等工作几年，有了一些积蓄但时间不多时，就要看哪个能最大化你的价值。

现在，给你一个新思路：能不用钱的事，就先不用钱。也就是说，你在花钱前先问一下自己："这能不能免费？不能，能不能换？不能，能不能借？"其实，这是一种富人思维，富人更喜欢用脑。在用钱前，他们会先寻找免费的渠道或寻找资源置换的可能性。动脑的人赚不动脑的人的钱，这就是现实。

比如，你刚毕业，在一家小公司工作，薪水不高。一天，你出行用的电动自行车坏了，买新电动自行车要花几千块。但你没着急花钱买，而是问朋友和邻居有没有闲置的电动自行车愿意低价转让。刚好，邻居家有一辆八成新的闲置电动自行车，愿意低价转让给你，这样你的问题就解决了。

几年后，你升职加薪，但依然忙得不可开交。你需要一个高效的助手。这时，你发现公司内部调动的那位同事来帮你，不仅解决了问题，还节省了成本，而那位同事也因此得到了成长的机会。

这就告诉我们，先用脑，后用钱。当你不断提升自己的价值时，世界对你的回馈也会越来越多。当一个人的价值越来越高时，他们的钱反而越来越难花出去，因为资源和机会源源不断地来到他们面前。

所以，花钱前先动脑。动脑不仅省钱，还能提升个人价值，积少成多，最终可以实现财富逆袭。

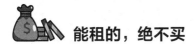 能租的，绝不买

在你还年轻、可支配金钱有限的时候，你要建立一个观念：尽量用租借来代替购买。这样有两个好处：一是购买使用权比购买所有权便宜得多；二是先试用，看看是否适合自己，再决定是否购买，避免不必要的浪费。到底是租借合算还是购买合算？一般有三个标准：持有成本、使用频率和

对等价值。我们先来看下面一段对话。

旅行爱好者 A："我去丽江旅游，想用相机拍照，但相机太贵，我应该买吗？"

理财能手 B："你想买的相机多少钱？"

旅行爱好者 A："6000 元。"（持有成本）

理财能手 B："你打算用几年？"

旅行爱好者 A："3 年。"

理财能手 B："你一年用相机多少次？"

旅行爱好者 A："大概 15 次吧。"（使用频率）

理财能手 B："那你每次使用成本就是 133 元，你觉得值吗？"

旅行爱好者 A："不值！"

理财能手 B："假设你拍的照片能卖，能赚回来 133 元吗？"（对等价值）旅行爱好者 A 摇头。

理财能手 B："不建议你买，一是使用频率低，二是赚不回成本。你可以考虑租一款相机。"

旅行爱好者 A："同款相机租金是 15 元 / 天，比 133 元便宜多了，因此我选择租一款相机。"

类似的例子在生活中还有很多，如打车比买车便宜。在财富积累早期，我们不需要真正拥有一台车。当然，也不是所有东西都只租借不购买。比如，作为一名文字工作者，你买了一台 1.2 万元的笔记本电脑。听起来虽然贵，但考虑到使用频率和持有成本，你果断买了。这台电脑，你每天用

10小时，计划用5年，总使用时间约1.8万小时，每小时使用成本不到1元。再考虑到对等价值，你每小时用电脑赚回来的钱远超1元。

如果不确定商品的使用频率，你可以先利用购物平台的7～14天退款政策试用。这样，你可以试出自己的真实使用情况，再决定自己是买还是租。这除了是一种更省钱、更多选择、更低风险的做事风格外，对你自身成长也是一种锻炼——能让你降低对物品的占有欲。久而久之，你会发现什么才是你真正想要的人生。

总之，能用租借解决的，绝不购买。如果非要购买，那一定是它带来了比租借更高的价值。

 **厘清环节**

小钱缺乏议价空间，能省的钱有限。而省大钱，相当于省了很多小钱，而且大钱有更多操作空间。所以，在大宗购买时，要厘清所有"需要付钱的环节"，了解每个环节的议价空间。以普通人最大的支出——买房为例，买房流程大致分为买房前、买房中和买房后。

假设你要买一套市场价400万元的房子，中介费是3%，房产税10%。买房前，如果房子是满五唯一[①]，房产税可能从40万元降到10万元，省下30万元。买房中，如果你能和房主把房价谈下来5%，就又能省下20万元；和中介将佣金谈到一半，即将中介费再降低1.5%，就会省下6万元。买房后，如果房主提前交房，你也能压缩装修周期，比原计划早了3个月，把房子以4000元的月租租出去，赚到1.2万元。这样总共算下来，

---

① 满五唯一，是二手房市场里的一个术语。"满五"，指的是卖家的房屋已经持有满五年，通常是以取得房屋产权证或缴纳契税的时间为准。"唯一"，指卖家（以家庭为单位）在全国范围内没有其他住房。

你可以省下 57.2 万元。注意，房产税、房主谈价和中介佣金这三项，占了你省钱的 90% 以上。如果你买的是新房，那么不选精装修也能省不少钱。

记住，当一笔钱足够大时，它的议价空间也会增大。你对财富的敏锐度，取决于你能否注意到钱的流向。牢记一条真理：这世界上，凡买卖，必有议价空间。

支付宝、微信帮你每月自动多存钱

存钱不仅需要意识，还需要一些灵活的工具来帮忙。比如，支付宝、微信里面有很多可以帮你存钱的小工具。

 ## 支付宝的四款智能存钱工具

1. 52 周攒钱

"52 周攒钱"是支付宝提供的一款智能存钱工具（见图 4-1），旨在帮助用户通过逐步增加存款金额的方式积累资金。这种方法起初金额较小，逐周递增，有助于用户逐步养成储蓄的习惯，同时也能在不知不觉中积累可观的资金。如何找到和使用"52 周攒钱"工具呢？

（1）打开支付宝应用。在应用首页，点击"理财"或"财富"选项，进入相关的管理页面。

（2）查找攒钱工具。在理财页面中，你可以直接搜索"52 周攒钱"或者在存钱工具列表中浏览，找到它并点击进入。

（3）设置存钱计划。一旦进入"52 周攒钱"工具界面，你会看到一个预设的存钱计划模板。这里可以根据自己的财务情况调整初始存款金额，默认是每周增加 10 元，你也可以选择从每周 5 元开始，以适应自己的经济能力。

（4）启动自动扣款功能。确认你的计划后，设定每周的自动扣款功能。支付宝会根据你设定的金额自动扣款并存入你的攒钱账户。

（5）定期查看和调整。随着时间的推移，你可以定期检查存款进度，并根据需要调整每周的存款金额或频率，以确保你能够达到目标。

通过使用"52 周攒钱"工具，你可以轻松地管理和累积储蓄，帮助你养成良好的理财习惯，同时在一年内实现储蓄目标。

图 4-1　支付宝 52 周攒钱

2. 小猪攒钱罐

"小猪攒钱罐"是支付宝提供的一款灵活且富有趣味的存钱工具（见图4-2）。它是一款非常灵活的工具，你可以自由设置攒钱计划，选择金额，攒钱周期可以按日、周、月来设定，非常适合具有不同需求的家庭。每天往"小猪攒钱罐"里存钱，还有一种仪式感，特别适合做亲子活动，帮助孩子树立早期的金钱观。

这种方法最大的好处就是没有压力，不需要存固定金额，有多少存多少，完全取决于你的情况。如何找到和使用"小猪攒钱罐"工具呢？

图 4-2　小猪攒钱罐

（1）打开支付宝应用。点击首页的"理财"或"财富"选项，进入理财产品的页面。

（2）查找"小猪攒钱罐"。使用搜索功能输入"小猪攒钱罐"，或者在存钱工具分类中查找，找到后点击进入。

（3）设置攒钱计划。在"小猪攒钱罐"界面，你可以根据自己的需求设置攒钱计划。选择存钱的金额，没有固定要求，你可以根据当天或某周期的财务状况自由决定存入多少。

（4）选择攒钱周期。你可以设置攒钱的频率为每日、每周或每月，这可以根据你的财务计划和支出情况灵活调整。

（5）启动和管理计划。确认设置后，你就可以启动攒钱计划。你还可以随时查看存款进度，调整金额或周期，以适应你不断变化的财务需求。

"小猪攒钱罐"以其灵活性和趣味性，使得储蓄变得轻松、无压力，同时，还能增进家庭成员之间的互动，是一个非常适合不同需求和不同人群的理财工具。

3. 笔笔攒

如果你在花钱时总有罪恶感，那么"笔笔攒"这个工具就非常适合你（见图4-3）。每次用支付宝花钱时，"笔笔攒"都会自动存入一笔钱，这样你在花钱的同时也在存钱。你可以自己设定存入的金额，同时这些钱会存放在你的余额宝里，还能享受活期利息。

比如，你设定的是每花一笔就存20元，这样不仅增加了每次购物的成本，还提醒自己要谨慎消费。如果你用信用卡付款，那么这笔钱也可以用来还信用卡，可谓一举两得。其具体操作如下。

图4-3　笔笔攒

（1）打开支付宝应用。点击首页的"理财"或"财富"选项，进入相关理财产品的页面。

（2）查找"笔笔攒"。使用搜索功能输入"笔笔攒"，或者在存钱工具分类中浏览，找到后点击进入。

（3）设置攒钱规则。在"笔笔攒"界面，你可以设定每次消费后自动存入的金额。根据你的财务状况，选择一个适合的金额，如每次消费后存入20元。

（4）关联余额宝。确保这笔钱自动存入你的余额宝，以便享受活期利息。同时，这笔钱可以用于还信用卡账单，实现更高效的资金管理。

（5）启动计划并监控。启动您的"笔笔攒"计划后，你可以随时查看存款进度和余额，并根据需要调整存入金额。

4. 蚂蚁星愿

"蚂蚁星愿"是一个专为有明确储蓄目标的人设计的智能存钱工具（见图4-4）。这款工具特别适合有明确存钱目标的人。你可以设置具体的攒钱目标和所需金额，然后制订攒钱计划。比如，去海南度假5000元，买一台新笔记本电脑8000元等。

在"蚂蚁星愿"中，你还能看到其他人的心愿，这会激励你坚持存钱。攒钱成功后，你还会获得星星命名权，特别有仪式感，存钱的过程会变得更有趣。其具体操作如下。

（1）打开支付宝应用。在首页点击"理财"或"财富"选项，进入理财产品页面。

（2）查找"蚂蚁星愿"。使用搜索功能输入"蚂蚁星愿"，或者在存钱工具分类中查找，找到后点击进入。

图 4-4　蚂蚁星愿

（3）设置储蓄目标。在"蚂蚁星愿"界面，设定你的储蓄目标和金额。明确目标，如"去海南度假5000元"或"买新笔记本电脑8000元"等，将使你的计划更具方向性。

（4）制订攒钱计划。根据你的收入和支出情况，设定一个切合实际的存钱计划。你可以选择定期存入固定金额，或根据财务状况灵活调整。

（5）参与社区互动和激励。查看其他用户的心愿和进展，借鉴他们的经验并互相激励。

（6）完成目标及命名星星。达到目标后，你将获得星星命名权，这不仅是一种对你努力的认可，还增添了存钱的成就感。

此外，支付宝平台的"悄悄攒"等存钱工具，都是好用的自动存钱工具，你可以根据需要选择使用。

 微信上好用的强制储蓄工具

很多人说自己也想存钱，可总是控制不住"剁手"，不知不觉钱就花光了，根本存不住钱。针对这种情况，这里分享微信里的一款强制储蓄工具："工资理财"。

微信理财通里的"工资理财"是一种强制储蓄工具，非常适合那些收入固定但消费习惯不太好的人。它的特点是"三个固定，一个自动"：每月设置固定的金额，在固定的时间，从绑定的固定银行卡里自动扣款到指定的理财产品中。

其中，指定的理财产品通常是一些货币基金。相较于股票型基金、混合型基金、债券型基金，货币基金风险最低、收益相对稳定、存取也比较灵活。通俗来讲就是，"工资理财"工具就是一种基金定投。

比如，你每月要存 1000 元，每个月 15 日发工资，定投日最好设置在发工资的第二天，即每月 16 日自动扣款 1000 元用于投资货币基金。这样，每月的存款操作完全自动化，不需要你自己想着存钱，既省时又省力。

"工资理财"的具体操作步骤如下。

（1）打开微信，点击右下角"我"，选择"服务"。

（2）点击"理财通"，点击"更多"。

（3）进入"功能服务"选择"工资理财"，如图4-5所示，然后根据自身需求对工资理财工具进行设置。

"工资理财"工具对应的投资产品，你可以根据需要进行更改，选择7日年化收益率更高的产品。注意，上述操作步骤可能会随着微信App的更新有所变化。

图4-5　工资理财

银行储蓄不是简单的存钱

把钱存进银行，尽管是打理财富的一种手段，但这并不意味着就可以放任不管了。实际上，银行储蓄也是一种需要精心规划与管理的理财方式。仅仅把钱存入银行，或许能带来一定的利息收益，但若缺乏合理的规划和策略，很可能无法充分发挥资金的潜力，甚至可能错失更好的投资机会。

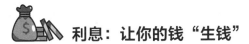 ## 利息：让你的钱"生钱"

利息是指资金存入银行后，银行根据一定的利率支付给存款人的报酬。利息的计算方式通常分为单利和复利两种。

1. 单利

单利是指利息仅根据本金计算，不考虑之前累积的利息，其计算公式如下。

$$单利 = 本金 \times 利率 \times 时间$$

例如，如果你存入 10000 元，年利率为 2%，存期为 3 年，那么单利计算下的总利息如下。

$$10000 \times 2\% \times 3 = 600 \text{元}$$

2. 复利

复利是指利息不仅根据本金计算，还根据之前累积的利息进行计算。复利这种"利滚利"计算方式使得资金增长更快，尤其是在长期储蓄中，复利的效果更为显著。复利的计算公式如下。

$$复利 = 本金 \times （1+利率）^{时间}-本金$$

例如，同样的 10000 元，年利率为 2%，存期为 3 年，复利计算下的总利息如下。

$$10000 \times （1+2\%）^{3} - 10000 = 612.08 元$$

可以看到，复利比单利多出了 12.08 元。虽然短期内差异不大，但随着时间的推移，复利的优势会越来越明显。

在复利的应用中，有一个简单易懂的计算方法叫"72 法则"。这个法则是用来计算你的资金翻一倍需要多长时间。具体方法是用 72 除以你的年回报率，得到的结果就是资金翻倍所需的时间，单位是年。

比如，如果你的年化收益率是 6%，那么你需要 72/6=12 年才能让本金翻一倍。如果你有 10 万元，12 年后这笔钱将变成 20 万元。接下来的 12 年，它会继续翻倍，变成 40 万元。这个过程看似缓慢，但随着时间的推移，效果会越来越显著。

通过合理利用复利，你可以实现财富的稳健增长和积累。关键是你要选择合适的投资工具，保持耐心和定力，不因短期市场波动而频繁操作。记住一点，"时间是复利的朋友"，坚持长期投资，你将见证财富如滚雪球般逐渐变大，为未来的财务自由打下坚实的基础。

常用的银行储蓄工具

1. 约定定期存款

约定定期存款，是一种将闲置资金定期转入定期存款账户的储蓄方式。你可以通过设定自动转账计划，将活期账户中的资金按期转为定期存款，以获取高于活期存款的利率。

其操作流程如下。

（1）账户准备。你需要在银行开设活期账户。

（2）产品选择。通过银行的网点、网上银行或手机银行寻找约定定期存款选项。

（3）设置转账计划。设定每月或每季度自动转账金额和日期。

（4）执行监控。银行将在设定日期自动转账，你可通过账户查看转账和利息情况。

约定定期存款的收益主要来自利息，因此利率的波动对最终收益影响较大。在利率上升周期中，适时调整存款周期可以锁定更高利率。

约定定期存款工具的使用策略主要有以下三点。

（1）利率监控。定期关注银行利率公告，及时调整存款策略。

（2）定期评估。每季度或每半年评估一次存款计划，以确保其符合当前资金状况和市场条件。

（3）分批存入。利用资金分批存入的策略，如梯度定存，来优化利率优势。

2.结构性存款

结构性存款，是指投资者将合法持有的人民币或外币资金存放在银行，由银行通过在普通存款的基础上嵌入金融衍生工具（包括但不限于远期、掉期、期权或期货等），将投资者收益与利率、汇率、股票价格、商品价格、信用、指数及其他金融类或非金融类标的物挂钩的具有一定风险的金融产品，使存款人在承担一定风险的基础上获得更高的收益。

总的来说，结构性存款是一款风险可控、本金有保障，阶梯收益、收益有保底，挂钩金融产品、间接投资金融市场的产品。

结构性存款的操作方式具体如下。

（1）选择银行与产品。选择一家信誉良好的银行，并了解该银行提供的结构性存款产品。不同的银行和产品可能具有不同的收益结构和风险等级，你应根据自己的风险承受能力和收益预期进行选择。

（2）了解产品细节。在决定购买前，你应仔细阅读产品说明书，了解产品的收益结构、挂钩标的物、风险等级、投资期限等关键信息。

（3）签署协议。一旦决定购买，你就需要与银行签署结构性存款协议，明确双方的权利和义务。首次购买结构性存款，需携带本人有效身份证件和预留的手机号至银行网点办理风险评估。

（4）资金划转。签署协议后，你需要将资金划转到指定的结构性存款账户中。

（5）等待收益。在投资期限内，你无须进行额外的操作，只需等待产品到期并获取收益。如果产品挂钩的标的物表现良好，投资者会获得较高的收益；反之，则可能面临收益减少或亏损的风险。

尽管结构性存款的本金通常受到保护，但投资者仍需关注其收益的不确定性。在购买前，应充分了解产品的风险等级和收益结构。

3. 通知存款

通知存款，是一种不约定存期、一次性存入，可多次支取，支取时需提前通知银行（即一天或七天）、约定支取日期和金额方能支取的存款。通知存款的利率视通知期限的长短而定，一般高于活期存款，但低于定期存款。这种存款方式兼具活期存款与定期存款的性质，为客户提供了一定的资金规划空间。

人民币通知存款的个人最低起存金额为5万元，外币通知存款的最低存款金额各地区略有不同，约为等值人民币5万元；单位最低起存金额为50万元。

如果你手里有一笔较大数额的资金，且暂时没有确定投资方向，若是存为定存，又怕随时要用，这时就可以考虑采取通知存款的方式，以避免利息损失。

通知存款的基本操作如下。

（1）开户。你需前往银行柜台或网上银行等渠道，开设通知存款账户。在开户时，需提供有效身份证件和相关信息。

（2）存款。你可通过银行柜台、网上银行、手机银行等渠道将资金存入通知存款账户。存款时，需确定存款金额和存款期限。

（3）通知取款。在需要支取资金时，你需提前通知银行，约定支取日期和金额。通知可通过柜台、电话、网上银行等渠道进行。

（4）支取资金。在约定的支取日期，你可前往银行柜台或通过网上银行等渠道支取资金。支取时，你需提供有效身份证件和通知取款的相关信息。通知存款可以一次或者分多次支取。但是多次支取，每次支取后，账户余额要大于最低起存金额5万元或50万元，如果低于5万元或50万元，会转入活期存款账户之中。

使用通知存款工具时，若非不得已，你千万不要在7天内支取存款；如果你在向银行发出支取通知后未满7天即前往支取，则支取部分的利息只能按照活期存款利率计算；另外，支取时间、方式和金额，都要与事先约定的一致，才能保证预期利息收益不会受到损失。

第五章
储备教育基金，孩子上学不发愁

养育孩子，既需要精神上的持续关爱，也少不了经济上的投入。孩子成长的每一个阶段，都需要家长的精心筹划和投入。"再穷不能穷教育。"为了给孩子创造一个更美好的未来，许多父母早早开始为孩子的教育积蓄资金。无论是上大学，还是留学，教育基金都是孩子成长路上坚实的后盾和保障。

孩子的教育基金，你规划好了吗

在孩子的成长之路上，家长每一份投入都承载着对孩子未来的期许。教育，作为塑造祖国未来栋梁的基石，其重要性不言而喻。面对竞争日益激烈的社会环境，合理规划孩子的教育基金，不仅是孩子未来学习旅程的一份坚实保障，还是家长智慧与远见的体现。

为什么要提前规划教育金

让孩子接受优质教育是每个家长的心愿，所以提前为孩子规划教育金。

1. 学业规划：为未来打好基础

根据《2024 中国生育成本报告》，中国家庭 0 ~ 17 岁孩子的养育成本平均为 53.8 万元，0 岁至大学本科毕业的养育成本平均为 68 万元。这需要家长以更加理性和长远的眼光，对孩子的教育之路进行精心的规划。这不仅仅意味着在经济上做好充分的准备，更重要的是，要关注孩子的兴趣培养、能力发展及心理健康，为他们提供多元化的学习机会和平台，让他们在不断探索与尝试中，找到属于自己的成长路径。

2. 多元化升学路径：不止一种成功方式

很多家长为孩子的教育而焦虑，担心孩子考不上好高中、偏科、上不了好大学，等等。其实，考取一所好大学确实不易，但家长不要局限于单一路径，要有更开阔的眼界，给孩子提供更多选择。

比如，可以提前为孩子规划其他赛道，如留学、特长发展、强基计划等。

不同经济条件的家庭可以根据自身情况规划不同的路径，目标明确后，再反向对标自己的经济能力，提早做好规划。

3.经济支持：为孩子的未来保驾护航

家长必须为孩子准备教育金吗？无论如何都要准备吗？实现目标的最大风险是什么？孩子求学路上哪个阶段最重要？哪个阶段花费最多？需要准备多少教育金才能让孩子顺利完成学业？

其实，给孩子存钱就是给他们未来多一份选择权！家长提前规划教育金，不仅能应对高昂的教育支出，还能让孩子在未来选择学校、专业甚至职业时，有更多的底气。

 教育金的特点和准备原则

教育金是一种专门为孩子的教育需求而设立的资金储备计划。家长或监护人通常会在孩子的成长过程中逐步积累这笔资金，以确保在孩子进入高中、大学或研究生阶段时，能够支付相关的教育费用。教育金的准备是一项长期的财务规划任务，其核心目标是在需要时能够提供稳定且充足的资金，支持孩子顺利完成学业。通过合理规划和管理教育金，家长可以为孩子的未来教育提供坚实的经济保障。

1.教育金的特点

（1）固定时间和费用。孩子的教育金是一笔必须在特定时间支付的费用，没有弹性。

教育金必须保证绝对的安全和确定性。在确定的时间（如孩子的大学、研究生阶段），通过确定的方式（现金），把确定的金额（学费），交到孩子手里，帮助孩子完成学业。

常见的教育金工具有银行存款、基金、股票、房产等，但这些都具有不确定性。比如，孩子需要用钱时，存款有多少？基金、股票是涨是跌？房价怎样？能否立马变现？这些都不确定。而教育金的核心是安全和确定性，要确保固定时间和费用的支出，本金必须绝对安全。

（2）长周期。教育金是为孩子未来的教育费用而进行的长期储蓄计划。当下，学历通胀越来越明显，家长需要提前规划，逐步储蓄，以确保孩子在未来能够获得良好的教育。

（3）高花销。如果希望孩子接受更好的教育，甚至留学深造，教育金的费用会更高。到不同国家、不同学校深造的费用都不同，但无论如何，都是一笔不小的支出。

2. 教育金的准备原则

（1）早规划，早配置。许多家长会认为孩子还小，距离上高中或大学还有很长时间，因此不急于开始准备教育金。然而，财富是需要时间来逐步积累的，尤其是在复利的作用下，时间越长，资金增值的潜力就越大。因此，尽早开始规划和准备教育金，不仅可以减轻未来的经济压力，还能更好地利用时间带来的增值效应。

（2）预留充足，周期长。随着孩子学习能力的增长，孩子将来除了读研究生之外，还会考博士，甚至留学深造。因此，教育金的准备要考虑孩子未来发展的各种可能性，以充足预留资金。

（3）保值增值。通货膨胀和利率下行会导致货币贬值。因此，教育金的储备要考虑保值增值，选择能抵御通货膨胀的资产，确保未来支付学费充足。

 ## 存教育金时选什么工具最靠谱

1.年金险——稳定省心

年金险以其稳定性著称，是希望实现专款专用和面临收入不稳定家庭的理想选择。这种保险产品通过定期支付保费，在积累期结束后，投保人便可以开始领取稳定的现金流。年金险通常被用于满足退休生活、教育费用或其他长期财务需求。年金险的核心优势在于其提供的稳定性和确定性。对于那些收入波动较大的家庭，年金险可以帮助其有效地规划财务目标。

（1）专款专用。这是年金险的最大优势。每年或每月，固定的资金会按时打入账户，用于孩子的教育和生活费用。这种安排不仅简便省心，还有效地避免了资金被挪作他用的风险，确保孩子教育资金的安全性和稳定性。

（2）提前锁定资金。对于那些收入不稳定或手头积蓄有限的家庭来说，年金险可以提前锁定一部分资金，相当于强制储蓄。通过这种方式，你在孩子需要教育资金的关键时刻能够提供必要的经济支持，避免因收入波动或其他原因影响孩子的教育。

2.增额终身寿险——灵活增值

增额终身寿险是一种提供终身保障并具有现金价值增长功能的保险产品，适合那些对资金使用时间有特殊要求且希望资产增值的家庭。其独特之处在于，保单的现金价值会随着时间的推移而增加，从而为投保人提供财务上的灵活性和增长潜力。

（1）高灵活性。这种保单允许投保人在任何需要的时候动用其中的资金，无须等待特定期限。这意味着家庭可以更灵活地应对意外的财务需求，或抓住投资机会。

（2）增值与教育兼具。在不需要动用资金时，保单的现金价值通过复利效应不断增值。当需要支付教育费用时，你可以随时提取资金用作教育金。此外，这笔资金还可以在退休时作为养老金，甚至可以作为遗产留给下一代，实现"一张保单，全家受益"的效果。

那么，该如何选择适合自己的教育金呢？关键在于你对资金灵活度和使用需求的考量。年金险稳定、省心，适合收入不稳定的家庭；增额终身寿险灵活、可以增值，适合对资金使用时间有弹性需求的家庭。

孩子降生，如何提前准备教育资金

面对不断上涨的教育费用，家长该如何做到有备无患，合理规划教育资金呢？本节将从积累教育资金和合理配置教育支出两个方面，帮你在孩子进入幼儿园前做好充分的经济准备。

殷女士今年31岁，是一名家庭主妇。其丈夫35岁，是某企业的销售经理，月收入约1.5万元。他们的儿子今年4岁，正上幼儿园小班。殷女士家有一套房产自住，房贷已还清，家里有20万元存款，还有少部分短期负债。他们每月的家庭开支约为3000元。夫妻俩非常重视对儿子的教育，按照他们的规划，儿子将在19岁时上大学，也不排除留学的可能。他们希望提前为儿子储备教育金，让儿子到19岁时能有充足的教育费用。

那么，像殷女士这样的家庭财务状况，该如何在孩子上幼儿园时期就准备好教育资金呢？

1. 评估未来的教育开支

殷女士需要详细估算孩子在幼儿园阶段的教育费用，包括学费、图书费、兴趣班费用、校服费用等，大致数额汇总如下。

学费：每年约1万元。

图书费：每年约2000元。

兴趣班费用：每年约5000元。

校服费用：每年约1000元。

总费用为：18000元。

孩子的幼儿园教育为3年，需要的费用为：18000×3=54000元。

其实，以上只是一个大致的估算，具体费用会因地区和学校的不同而有所变化。家长需要根据当地的实际情况和孩子的具体就学需求进行调整和规划。例如，在大城市，优质幼儿园的学费和相关费用会比小城市或农村地区高出许多。此外，不同类型的幼儿园，如公立幼儿园、私立幼儿园或国际幼儿园，其收费标准也会有所不同。因此，家长应详细了解当地教育市场的情况，并考虑孩子的兴趣和发展需求，进行合理的资金储备和配置。

例如，殷女士决定把每月固定储蓄家庭收入的15%，即2250元用于孩子的教育基金。

2.选择合适的储蓄和投资工具

在孩子幼儿园阶段，殷女士可以选择一些风险较低、收益较稳定的储蓄和投资工具。具体的投资策略可以包括银行定期存款、货币基金和长期储蓄保险。

显然，按照这种每月持续投资和复利计算的方法，殷女士将在3年后积累较为可观的教育基金。这也显示出定期小额投资，通过复利和时间的作用，可以显著增加总收益。

另外，殷女士需要定期检查储蓄和投资情况，根据家庭收入的变化和教育费用的变化，适时调整储蓄和投资策略。每半年或一年进行一次财务复检，以确保教育基金的储备符合预期目标。

为了保障教育基金的安全和稳健增长，殷女士还可以采取多元化的储备策略，将教育基金分散投资于不同的理财工具和渠道。这样不仅可以降低单一投资带来的风险，还能在不同市场环境下获得稳定的回报。

例如，除了银行定期存款、货币基金和长期储蓄保险外，殷女士还可以考虑一些低风险的债券基金或稳健型理财产品。通过多元化投资，殷女士可以在确保资金安全的同时，获得更多的收益，进一步增加教育资金的积累。

殷女士在实施这些策略时，还需要注意一些具体的实施细节和日常管理。

（1）自动转账和存款。为了确保每月的储蓄计划能够顺利地实施，殷女士可以设置自动转账和存款，将每月固定金额自动转入教育专用账户或理财产品中。这样可以避免因日常琐事而忘记储蓄，确保储蓄计划的连续性和稳定性。

（2）定期检查收益情况。殷女士需要定期检查各项投资的收益情况，确保每项投资都在预期范围内。如果发现某项投资的收益不如预期，殷女士应及时调整投资策略，选择更适合的投资工具。

（3）关注市场变化。虽然殷女士选择的都是风险较低的投资工具，但市场环境变化也会影响这些投资的收益。殷女士需要关注市场变化，及时了解金融政策、利率调整等信息，以便在必要时调整投资策略，确保教育金的稳健增长。

孩子上小学，如何规划教育费用

小学阶段是孩子学业生涯的开端，是他们打好知识基础和培养良好学习习惯的重要时期。很多家长发现，随着孩子的成长，教育费用也在逐渐增加：学费、校外辅导班、兴趣班、各种学校活动和学习用品的开支，这些都让家长感到压力倍增。同时，优质教育资源的竞争也日益激烈。

面对这些现实问题，如何提前为孩子的教育费用做好规划，成了每一个家庭需要解决的重要问题。只有提前筹谋、合理规划，才能确保孩子在未来的学习道路上无后顾之忧，家长也能更加从容应对各种教育支出。

那么，孩子上小学阶段教育费用该如何合理规划，才能实现教育和财务的双赢？

在孩子上小学阶段，家长需要详细估算每年的教育费用。此阶段的孩子接受九年义务教育，免学杂费，开支主要表现在课外辅导班、兴趣班、学校活动及学习用品等方面。假如某一普通家庭孩子每年的教育费用如下。

交通费、文具费：约 3000 元 / 年。

兴趣班和校外辅导班费用：约 7000 元 / 年。

校服和其他日常用品费用：约 2000 元 / 年。

一年下来，各种费用总额为：12000 元。

小学阶段一般为 6 年，总费用为：12000 × 6=72000 元。

当然，这只是一个大致的估算，具体的费用会因地区和学校的不同而有所不同。家长需要根据当地的具体情况和孩子的实际就学需求进行调整和规划。

李先生今年 36 岁，是一家互联网公司的项目经理，月收入约 2 万元。妻子王女士 32 岁，是一名会计师，月收入约 1.5 万元。他们的儿子今年 6 岁，刚上小学一年级。李先生家有一套房产自住，房贷已还清，家里有 30 万元存款，还有少部分短期负债。他们每月的家庭开支约为 8000 元。夫妇俩非常重视儿子的教育，希望提前为儿子储备教育金，让儿子在小学阶段能有充足的教育费用。

那么，像李先生这样的家庭财务状况，该如何在孩子上小学时期就准备好教育资金呢？

1. 选择适合的小学教育储备方式

与幼儿园阶段相比，小学阶段的教育持续时间更长、开支项目更广，因此需要更灵活和多样化的储蓄和投资工具。以下是几种适合小学阶段的储备方式。

（1）定期储蓄计划。可以在银行开设定期储蓄账户，每月固定存入一定金额，积少成多。定期储蓄的优势是安全性高，利率稳定，适合有稳定收入的家庭。

（2）货币市场基金。货币市场基金是一种低风险、高流动性的投资工具，适合短期内需要灵活使用资金的家庭。相较于定期储蓄，货币市场基金的收益率一般更高一些。

（3）教育信托基金。教育信托基金是一种专门针对教育费用的储备工具，家长可以定期向基金中投入资金，基金公司会进行专业管理，确保资金的稳健增长。

（4）国债。购买国债是一种非常稳健的投资方式，具有较高的安全性和固定的利息回报，适合不愿意承担高风险的家长。

2.具体储蓄和投资计划

假设李先生决定每月拿出家庭收入的 15% 用于孩子的教育基金储备，则每月的金额为 5250 元。他可以将这些资金分配到定期储蓄、货币市场基金、教育信托基金等投资工具中，以实现资金的稳健增值和分散风险。

在实施这些储蓄投资策略时，李先生还需要注意一些具体的细节和日常管理。

（1）设立教育专项账户。将每月的储蓄和投资金额单独存入该账户。这不仅有助于明确资金流向，还可以避免家庭其他开支干扰教育基金的储备。

（2）定期与财务顾问沟通。若条件允许，李先生可以考虑定期与专业财务顾问沟通，获取专业的建议。财务顾问可以根据市场变化和家庭财务状况，为李先生提供更为精准的投资策略和调整方案，帮助李先生更好地管理教育基金。

（3）关注教育政策变化。教育费用和金融市场的变化与政策息息相关。李先生应密切关注政府的教育政策、税收优惠政策及金融市场的相关规定，这些信息都可能影响教育基金的管理和收益。

（4）定期举行家庭财务会议。李先生可以定期举行家庭财务会议，与家人共同讨论和检查教育基金的情况，以及时发现和解决问题，确保教育基金的稳健增长。

小学阶段只是教育的一部分，家长还需要为孩子的初中、高中甚至大学教育做出长远的规划。提前了解各阶段的教育费用，合理安排储蓄和投资计划，确保资金的连续性和充足性。因为教育费用随着时间推移会有所上涨，所以家长在进行长期规划时需要考虑通货膨胀的因素，适当增加每年的储蓄和投资金额，以应对未来可能的费用增长。

孩子上初中，如何规划教育费用

随着孩子步入初中阶段，教育费用和教育需求的变化使家庭的财务规划显得尤为重要。初中阶段不仅是孩子学业发展的关键时期，还是家庭财务管理和教育投资策略调整的关键节点。本节将从多维度的投资视角，结合实际案例探讨如何科学地规划孩子初中阶段的教育费用，确保孩子能够在一个稳定、优质的教育环境中成长。

李先生家在孩子小学阶段已经积累了一定的教育基金，通过银行定期存款、货币市场基金、教育信托基金和部分低风险的债券基金，确保了教育基金的稳定增长。然而，随着孩子进入初中，家庭的教育规划需要进一步细化和调整，以应对初中阶段可能出现的更多教育支出和新的教育需求。

1. 初中教育费用的构成

（1）学费和教材费。

公立学校：免学杂费。

私立学校：每年 20000 ～ 80000 元，部分顶级私立学校可能更高。

国际学校：每年 80000 ～ 200000 元，视学校和课程而定。

（2）课外辅导和培训。

学科辅导：每月 1000 ～ 5000 元，具体取决于课程类型和辅导机构的水平。

综合能力培训：每月 1000 ～ 3000 元，涵盖奥数、英语口语等专项培训。

（3）兴趣班和特长班。

音乐班：每月 500 ～ 2000 元，具体取决于乐器类型和教师资质。

美术班：每月 500 ～ 1500 元，视课程强度和教师水平而定。

体育班：每月 500 ～ 2000 元，涵盖篮球、足球、游泳等项目。

（4）校外活动和夏令营。

校外活动：每次活动 300 ～ 1000 元，视活动内容和组织方而定。

夏令营：国内夏令营每次 3000 ～ 10000 元；国际夏令营每次 10000 ～ 50000 元，视目的地和活动内容而定。

（5）国际交流项目。

每次 20000 ~ 100000 元，视交流国家、项目时长和具体内容而定。

2. 多维度的投资视角

为了既满足孩子初中阶段的教育需求，又确保教育基金的稳健增长，李先生可以从以下三个维度进行投资和规划。

（1）风险分散与多元化投资。在孩子的初中阶段，李先生应继续保持投资组合的多元化，分散风险，确保资金的安全性和收益的稳定性。其具体策略有以下三点。

一是股票基金与债券基金结合。适当增加部分股票基金投资，以获取较高的回报率，同时保持一定比例的债券基金投资，确保整体风险可控。

二是指数基金与 ETF（Exchange Traded Fund，交易所交易基金）。通过投资指数基金和 ETF，获得市场的平均收益，降低个股风险。

三是国际市场投资。适当配置一部分资金到国际市场，分散区域性风险，追求全球化的投资回报。可以考虑全球多元化的 ETF 等基金。

（2）灵活性与流动性考虑。孩子初中阶段的教育支出具有一定的灵活性和突发性，因此李先生在投资时需要考虑资金的流动性，以便随时应对可能的资金需求。其具体策略有以下三点。

一是货币市场基金。继续保持一定比例的货币市场基金投资，确保资金的高流动性。

二是短期债券基金。增加短期债券基金的投资比例，保证资金在需要时可以快速变现。

三是灵活存款产品。选择一些具有高流动性的银行存款产品，如活期存款或灵活定期存款，以备不时之需。

（3）长期与短期目标相结合。李先生需要在孩子的初中阶段制定明确的短期和长期教育目标，并根据这些目标进行合理的投资和储蓄安排。其具体策略有以下几点。

一是短期目标。每年学费、课外辅导费、兴趣班费等必要支出的资金准备。

二是长期目标。为孩子的高中阶段的教育甚至大学阶段的教育做长远规划，逐步积累教育基金。

三是定期调整投资组合。根据市场变化和家庭财务状况，定期调整投资组合，确保资金的安全和增长。

（4）教育保险的适当配置。为了进一步保障教育基金的安全，李先生还可以考虑适当地配置一些教育保险产品。这类保险不仅可以提供稳定的收益，还能在意外情况下为孩子的教育费用提供保障。其具体策略有以下三点。

一是教育年金保险。按照孩子的教育阶段设定领取时间和金额，确保关键时间节点有充足的资金支持。

二是终身寿险。通过购买终身寿险，确保在任何意外情况下，孩子的教育费用都不会受到影响。

三是意外险和医疗险。为孩子配置适当的意外险和医疗险，减少意外支出对家庭财务的影响。

假设李先生的孩子进入初中，家庭每年的可用教育资金为 10 万元。李先生可以根据上述策略进行合理的分配和投资。

（1）风险分散与多元化投资。

一是股票基金与债券基金结合。配置30%的资金（3万元）到股票基金，即选择一些稳健增长的蓝筹股基金；同时，将20%的资金（2万元）投资于债券基金。

二是指数基金与ETF。配置20%的资金（2万元）到指数基金和ETF。

三是国际市场投资。配置10%的资金（1万元）到国际市场。

（2）灵活性与流动性考虑。

一是货币市场基金。配置10%的资金（1万元）到货币市场基金，确保资金的高流动性。

二是短期债券基金。配置10%的资金（1万元）到短期债券基金，确保资金在需要时可以快速变现。

（3）长期与短期目标结合。

一是短期目标。每年准备5万元的学费、课外辅导费和兴趣班费，确保必要支出的资金准备。

二是长期目标。每年定期将剩余的5万元分配到上述多元化投资组合中，逐步积累教育基金。

三是定期调整投资组合。每半年或一年进行一次投资组合的审查和调整，根据市场变化和家庭财务状况进行优化。

（4）教育保险的适当配置。

一是教育年金保险。每年投入1万元购买教育年金保险，根据孩子的教育阶段设定领取时间和金额，确保关键时间节点有充足的资金支持。

二是终身寿险。每年投入5000元购买终身寿险，确保在任何意外情况下，孩子的教育费用不会受到影响。

三是意外险和医疗险。每年投入 2000 元为孩子配置适当的意外险和医疗险，减少意外支出对家庭财务的影响。

通过这样的多维度投资和科学规划，李先生家可以在确保资金安全和稳健增长的同时，有效地应对孩子初中阶段的各种教育费用需求，为孩子创造一个良好的成长和学习环境。

孩子上高中，如何准备教育资金

高中阶段是孩子学业和未来发展的关键时期，对家庭来说也是财务规划的一场大考。你是不是也在为孩子高中阶段的教育费用发愁，既希望全力支持孩子的学习，又担心家庭财务状况因此承受过大的压力？

王女士在孩子初中阶段已经通过合理的教育基金储蓄和多元化投资，初步积累了一定的教育资金。然而，随着孩子即将进入高中，新的教育需求和更高的教育支出使得家庭的财务规划需要进一步优化。在此过程中，既要确保资金的安全性和流动性，又要追求稳健的收益增长，以应对即将到来的高考和大学的教育费用。

1.高中教育费用的构成

高中阶段的教育费用比初中阶段更为复杂和多样，除了基础的学费和教材费之外，还包括课外辅导、竞赛培训、大学预科项目及国际交流等费用。以下是高中教育费用的一些主要构成及参考费用范围（具体费用因地区和学校的不同而有所不同）。

（1）学费和教材费。

公立学校：每年3000～10000元。

私立学校：每年30000～100000元，部分顶级私立学校可能更高。

国际高中：每年100000～300000元，视学校和课程而定。

（2）课外辅导和竞赛培训。

每月2000～10000元，具体取决于课程类型和辅导机构的水平。

（3）兴趣班和特长发展。

每一门兴趣班（如音乐、美术、体育等）每月1000～5000元，视课程强度和教练资质而定。

（4）校外活动和夏令营。

国内夏令营：每次5000～20000元。

国际夏令营：每次20000～100000元，视目的地和活动内容而定。

（5）大学预科项目。

国内预科项目：每年10000～30000元。

国际预科项目：每年30000～100000元，视项目和课程内容而定。

家长应结合实际情况，合理规划和配置教育资金，以确保孩子在高中阶段获得全面而优质的教育。

2. 多维度的投资视角

为了既满足孩子高中阶段的教育需求，又确保教育基金的稳健增长，王女士可以从以下三个维度进行投资和规划。

（1）高流动性与安全性策略。孩子高中阶段的教育支出具有一定的灵活性和突发性，因此王女士需要高度重视这一点，以确保能够随时应对各种教育支出的需求。其具体策略有以下两点。

一是现金管理工具。使用高流动性的现金管理工具，如货币市场基金和短期债券基金，确保资金在需要时可以快速变现。

二是灵活存款产品。选择一些具有高流动性的银行存款产品，如货币市场账户、灵活定期存款，以及收益较高的现金管理类理财产品，以备不时之需。

（2）长期目标与短期目标的平衡。王女士需要为孩子的高中阶段制定明确的短期和长期教育目标，并根据这些目标进行合理的投资和储蓄安排。其具体策略有以下三点。

一是短期目标。每年准备学费、课外辅导费、竞赛培训费和兴趣班费等必要支出的资金。建议每年将至少 60% 的可用教育资金分配到高流动性和安全性的投资工具中，以确保随时可以动用。

二是长期目标。为孩子的大学教育和未来发展做长远规划。建议每年将剩余的 40% 资金投入长期增长潜力较高的投资工具中，如教育储蓄计划和指数基金，逐步积累教育基金。

三是定期审查和调整投资组合。根据市场变化和家庭财务状况，定期审视和调整投资组合，确保资金的安全和增长，并能够灵活应对不同阶段的支出需求。

（3）教育信托与子女保险。为了进一步保障教育基金的安全，王女士还可以考虑设立教育信托和购买子女保险。这些金融工具不仅可以提供稳定的收益，还能在意外情况下为孩子的教育费用提供保障。具体策略有以下几点。

一是教育信托基金。设立专门的教育信托基金，为孩子的教育费用提供长期保障。教育信托基金可以由专业的信托机构管理，确保资金的安全和稳健增长。

二是子女教育保险。购买子女教育保险，根据孩子的教育阶段设定领取时间和金额，确保关键时间节点有充足的资金支持。这类保险包括教育年金保险和终身寿险等。

三是意外险和医疗险。为孩子配置适当的意外险和医疗险，减少意外支出对家庭财务的影响，确保孩子在遭遇意外或疾病时能够得到及时的医疗和经济支持。

王女士的孩子即将进入高中，家庭每年的可用教育资金为 15 万元。王女士可以根据上述策略进行合理的分配和投资，其具体内容介绍如下。

（1）高流动性与安全性策略。

一是现金管理工具。配置 20% 的资金（3 万元）到货币市场基金，确保资金的高流动性和稳定收益。

二是债券基金。配置 20% 的资金（3 万元）到短期债券基金，确保资金在需要时可以快速变现。

三是灵活存款产品。配置 10% 的资金（1.5 万元）到银行存款或灵活定期存款，以备不时之需。

（2）长期与短期目标的平衡。

一是短期目标。每年准备 7.5 万元的学费、课外辅导费、竞赛培训费和兴趣班费，确保必要支出的资金准备。

二是长期目标。每年定期将剩余的 7.5 万元分配到长期增长潜力较高的投资工具中，如教育储蓄计划和指数基金，逐步积累教育基金。

三是定期审查和调整投资组合。每半年或一年进行一次投资组合的审查和调整，根据市场变化和家庭财务状况进行优化。同时，关注国家教育资助计划，积极申请各类奖学金和助学金，必要的时候进行教育贷款（留学贷款、助学贷款），以缓解一时的资金压力。

（3）教育信托与子女保险。

一是教育信托基金。每年投入 1.5 万元设立教育信托基金，为孩子的教育费用提供长期保障。

二是子女教育保险。每年投入 1 万元购买子女教育保险，根据孩子的教育阶段设定领取时间和金额。

三是意外险和医疗险。每年投入 3000 元为孩子配置适当的意外险和医疗险。

高中阶段不仅是孩子学业发展的关键时期，还是家庭财务规划的重要节点。通过高流动性与安全性策略、长期与短期目标的平衡、教育信托与子女保险等，家庭可以在确保教育基金安全和稳健增长的同时，有效地应对孩子高中阶段的各种教育需求。

第六章
家有应急基金，关键时刻不慌乱

　　突然生病、车辆故障、失业……这些突发事件考验着每一个家庭的应对能力与财务韧性。应急基金，正是这样一道为家庭量身打造的安全防线。它如同一位沉默而可靠的守护者，在关键时刻挺身而出，帮助我们抵御生活的风浪，确保家庭的航船能够平稳前行，不因一时的困境而偏离航道。

为什么每个家庭都要有应急资金

无论你的存款有多丰厚，留下一笔"应急钱"都非常有必要。这不仅是对普通家庭的忠告，还是保障家庭财务安全和稳定的关键策略。毕竟，关键时刻手头有现金最让人踏实、安心。

 ## 应急资金的重要性

1. 应对突发状况

生活中，总会遇到一些预料不到的突发事件，如生病住院、意外、失业……在这些紧急情况下，你如果没有足够的应急资金，那么家庭财务会瞬间陷入困境。所以，留下一笔"应急钱"，就是给自己加设了一层安全垫，避免突发状况把你和你的家庭搞得一团糟。

2. 增强家庭"抗震"能力

拥有足够的应急资金，就像给家庭装上了"避震器"。无论是经济不景气，还是突然没了收入来源，这些应急资金都能帮你撑过最艰难的时刻。这样，你就不会因为一时的资金短缺而不得不降低生活质量，更不会因为要借钱度日而感到窘迫。

3. 保持心理和生活上的稳定

有了应急资金，不仅能提升家庭财务的稳定性，还能极大地缓解心理压力。如果你手里有一笔应急资金，当生活遇到小麻烦时，你是不是会安心许多？这笔钱不仅是你的经济后盾，还是你的心理安慰剂。因为你知道，无论遇到多大的风雨，你都有办法解决，不会被临时的困难打垮。你的生活也会因此变得更加从容、有序，不会因为各种财务问题而焦虑、紧张。

应急资金让你灵活应对生活需求

1.满足日常开销

在日常生活中，你需要现金来应付各种开销，如日常购物、教育费用、娱乐支出等。手头有一笔"活钱"，可以让你在应对生活中的各种需求时，更加游刃有余。

2.抓住投资机会

金融市场中的投资机会往往瞬息万变。如果没有足够的现金储备，你会错失一些绝佳的投资机会。保持一定量的现金储备，可以让你在合适的时机迅速做出投资决策，抓住机会，实现更好的投资回报。

3.应对紧急开销

生活中难免会出现一些突如其来的开销，如看病就医、家居维修等。如果你没有做好财务准备，则这些突发事件会让你措手不及，甚至打乱整个家庭的经济计划。因此，预留一笔"应急钱"至关重要。它就像一把保护伞，在风雨来临时，为你提供庇护。

应急基金到底要存多少

一提到应急基金，很多人就会问："到底要存多少钱才够用？"存多了，手头现金流紧张；存少了，遇到突发状况又不够用。这里，我们就来聊一聊应急基金的黄金比例。通过一些简单实用的方法，你可以轻松搞定应急基金的设定，让你在面对生活中的各种突发情况时都能从容应对。

 储备不低于 5 万元现金的合理性

在很多情况下，持有大量现金被视为一种经济稳定策略，可以应对紧急情况和未来的未知风险。不过，现金储备并非越多越好，过多的现金会导致资金闲置，无法实现资产增值。合理的现金储备，需要根据家庭的财务状况、风险承受能力及长远目标而定。

1. 评估你的现金储备

每个家庭都应该储备一定数量的现金，以应对突发的紧急情况。一般来说，理财师建议每个家庭储备约 5 万元现金。这是一个比较合理的数额，因为研究和实际情况表明，一个家庭至少要预留不低于一年的生活支出作为应急储备金。当然，这个金额只是一个基本参考，具体数额需要根据每个家庭的实际情况进行调整。

比如，如果家庭有较高的负债，那么应急储备的金额就需要增加，以确保在紧急情况下有足够的资金来应对各种支出。而对于那些投资收益较高的家庭，则可以适当减少现金储备，因为这部分资金可以通过投资获得一定的收益，从而可以抵消部分紧急支出的压力。

为了更好地管理应急储备，建议你将资金分散到不同的账户中。例如，可以将部分现金存入流动性较高的货币市场基金或国债逆回购产品中。这样既能避免资金被冻结，造成流动性问题，又能在一定程度上获得收益，充分利用闲置资金，保障家庭财务的稳健性。

　　2.定期检查和更新应急储备金额

　　定期检查和更新应急储备金额是非常重要的，因为你的收入和支出会随着时间发生变化。比如，孩子的教育费用增加了，或者家里增加了新的贷款，这些都会影响你需要储备的现金数额。

　　同时，市场情况和政策也在不断变化，如利率的调整或者新的理财产品的出现，这些都可能影响你的应急储备策略。因此，定期关注这些变化，确保你的储备金额能够真正满足你的家庭需求，是非常有必要的。

　　比如，家里今年突然有了第二个孩子，生活开支自然会增加，这时你就需要重新评估你的应急储备金额，看是否需要增加金额。同样地，如果你发现某种理财产品能为你的储备资金带来更好的收益，而流动性依旧较高，那么也可以考虑部分资金的转移。

　　记住，无论你储备了多少现金，都需要保持警惕，并且要定期检查你的财务状况。比如，每半年或者一年，花一点时间核算一下你的应急储备是否足够，以及是否需要调整。这不仅能让你在面对突发情况时从容应对，还能为你和家庭提供一种安全保障。

 如何确定应急基金储备金额

1.保证3～6个月生活必须开销

设立应急基金时，很多理财专家都会建议准备3～6个月的生活开销。

这听起来可能有点模糊，让我们用实际例子来解释一下吧。

假设你每个月的基本生活开销是 5000 元，包括房租或房贷、日常饮食费、交通费及其他固定支出。按照 3 ~ 6 个月的标准，你的应急基金应该在 1.5 万 ~ 3 万元。为什么选择这个范围？因为这笔金额足够你在短期内应付失业、生病或者其他突发事件。考虑到每个人的情况不同，这个范围可以根据实际需要进行调整。

2. 根据家庭和个人情况调整

每个人的生活状况千差万别，因此应急基金的设定也应该灵活调整。下面我们来看几个具体的例子。

（1）单身青年与已婚已育。

一个刚毕业的单身青年，租着一间单身公寓，每月开销控制在 4000 元左右。在这种情况下，他有 3 个月的应急基金就足够了，即 1.2 万元。一位已婚、有孩子的家庭主妇，每月家庭开销高达 1.5 万元，包括孩子的教育费用、家庭保险及其他日常开销。那么她的应急基金就要存够 6 个月，即 9 万元。因为她知道，家庭责任更大，应急基金也要更加充足。

（2）全职工作与自由职业。

如果你在一家公司工作了五年，收入稳定且有固定的年终奖。那么，你准备 3 个月的应急基金就足够了，目标可设定为 2 万元。如果你是一位自由职业者，收入波动较大，有时一个月赚的多，有时一个月可能没有收入。那么，你就需要准备 6 个月的应急基金，目标设定为 8 万元，以防收入不稳定带来的风险。

应急基金的设定要根据个人和家庭的实际情况进行调整。无论是单身青年还是已婚已育人士，无论是职场人士还是自由职业者，都需要根据自己的情况来灵活设定应急基金的金额。

（3）特殊需求与长期保障。

除了基本的生活开销，应急基金还需要考虑到一些特殊需求和长期保障。

一是医疗紧急情况。比如，你是一位有慢性病的患者，每年都需要定期治疗，花费不菲。因此，你在设立应急基金时，除了考虑日常生活开销，还要把每年的医疗费用计算在内。假设你的年医疗费用是 2 万元，那么你的应急基金目标就设定为最少 6 万元，也就是 3 年的应急医疗基金，以确保自己在任何时候都有钱进行治疗。

二是家庭维修。比如，你住在一栋老房子里，房子的维修费用时不时地让你和家人头疼。为此，你在设立应急基金时，也要把房屋维修费用考虑在内。假设每年需要 5000 元的维修费用，以 5 年为基础，你就要存 2.5 万元的应急基金，以备不时之需。

三是失业保障。比如，你在一家科技公司工作，虽然收入不错，但你知道行业竞争激烈，失业风险较大。所以，你应该把应急基金的目标定为 12 个月的生活开销，按照每月最低 4000 元的基础生活保障，那么需要准备 4.8 万元，也就是近 5 万元的保障金。这样，即使失业了，你也有足够的时间和资金重新找到工作。

如何从零开始建立家庭应急基金

建立家庭应急基金就像是为未来的人生准备一把坚固的伞。即便你现在的经济情况不是很宽裕，你也可以通过一些简单、有效的方法逐步积累起一笔应急储备。

1. 从小钱开始

你没有太多余钱可以存，也没关系，关键是要开始行动。即便每次拿到工资后只存了 300 元，也请坚持这样做。你的应急基金会随着时间的推移而不断增长，你会很高兴看到个人储蓄逐步增加，并且会因此有动力存更多。

2. 自动扣款

设置自动扣款是个好办法，因为这样你就不必时时想着存钱了。开一个网上储蓄账户，并在每次发工资后自动转存一定的金额。这样储蓄会变得轻松且无痛。

3. 把应急基金当作一份账单

把应急基金看作一项固定的支出，就像你的水电费、房租一样。每到领薪日，先付这笔"账单"，然后再分配剩下的钱。这种做法让储蓄变得不可商量，坚持下来效果会很好。

4. 削减一份开销支出，将它存下来

仔细审视一下你现在的花销，找出一些可以削减的项目。比如，减少购买咖啡、杂志、漫画书、各种会员费用等非必需品。然后，将这些省下的钱直接存入应急基金。

5. 存下奖金或退税收入

如果你得到了奖金、退税收入或者其他意外之财，不要把它花掉，可以将其直接存入应急基金，增强你的经济安全感。

6.更新贷款

如果你有房贷或车贷，看看是否可以重新贷款，以更低的利率省下钱。把省下来的钱存入应急基金。

7.卖掉多余的汽车

如果你有两辆汽车，考虑是否可以只留一辆。把卖掉的第二辆车的钱存入应急基金。或者，卖掉原先的汽车，买辆更便宜的二手车，把差价存入应急基金。

8.减少户外休闲娱乐

与其外出看电影或用餐，不如自己做饭，在家看电影。把省下的这部分钱存入应急基金。

9.自由职业

利用你的技能去做自由职业者或者兼职，赚取额外收入并存入银行。这是个非常高效的积累额外收入的方法。

10.继续支付欠债，但把钱付给自己

如果你刚还清了一笔购车贷款或信用卡账单，继续每月将这笔钱存入应急基金。这样不会影响你的预算，但会稳步增加你的储蓄。

11.为日用杂货制定大额预算，然后存下预算结余

假设你每月在日用杂货上的开销是 500 ~ 800 元，那就在月初为其制定 600 元的预算。无论最后实际花费是多少，把剩下的钱存入应急基金。

12.限制取用应急基金的方式

你如果担心自己会动用应急基金，则可以把钱放进难以取用的账户中，如货币市场账户或基金账户。当资金达到一定数额后，再将其转存到定期存款或长期国债中。虽然利息不高，但能够有效地防止你随意动用资金。

建立家庭应急基金的过程需要耐心和坚持。从小钱开始，通过自动扣款、削减开销、存下奖金和退税收入等方法，你可以逐步积累一笔可靠的应急基金。这不仅能让你在面对突发情况时从容应对，还能培养你良好的储蓄习惯，为你的未来财务规划打下坚实的基础。

　　记住，凡事预则立，不预则废，早做准备总是不会错的。将这些方法运用到你的日常生活中，你就能够逐渐建立一个坚实的财务堡垒，确保你和你的家庭在面对任何突发情况时能有足够的资金应对。

第七章
副业赚钱，重构你的收入结构

　　副业不仅能增加收入，还是一种生活保障。比如，当你在工作中面临失业风险时，副业可以帮助你维持基本生活开支。副业可以让你的收入来源多元化，不再依赖单一的主业收入，即使主业有波动，也有副业来补充。同时，副业能让你拥有更多自主权，你可以选择自己感兴趣且擅长的项目做副业，从而提高工作效率和个人成就感。

启动副业，让你的时间更值钱

启动副业，可以让你的时间更值钱。利用闲暇时间创造额外收入，不仅能够缓解经济压力，还能提升个人技能，拓宽人脉，让未来的生活更加有保障。

 怎样把单位时间卖得更值钱

副业和主业收入最大的区别就在于时间的价值弹性。主业的时间价值基本是固定的，难以突破，而副业则有更多可能性。你可以通过多种方式让副业的时间产生更大的价值。

1.提升技能和专业素养

提升自己的技能和专业素养是从事副业的基础。要想让他人愿意为你的时间支付更高的价钱，你就必须为他们带来更高的价值。比如，你是一名摄影爱好者，最初你只是帮熟人拍摄一些照片，收费也很低。随着你不断学习摄影技巧，提升后期制作能力，你的作品质量逐步提高，渐渐在摄影圈子里小有名气。后来，你通过网络课程和线下培训讲座，进一步提升了自己的能力，这时你的收费也从最初的每小时几百元，逐步上涨到每小时 2000 元以上。

2.专注细分领域，成为专家

专注于一个细分领域，成为该领域的专家，这样你的时间价值也会大幅提升。比如，你是一名健身教练，刚开始你只是带普通的健身课，收入平平。后来，你发现自己对减脂塑形特别感兴趣，于是专攻这一领域，学习各种最新的减脂方法和营养知识。随着你在这个领域的经验和成果的累积，你的健身课程收费也逐渐提升，从最初的每小时 100 元，提高到每小时 800 元。而且，由于你的专业性和口碑，客户也越来越多，甚至有人愿意支付更高的费用请你做一对一的私人教练。

3.提供更多的附加值

提供更多的附加值，让你的服务超出客户的预期。比如，你是一名职业咨询师，起初只是按时间收费，为客户提供基础的职业规划建议。后来你发现，如果能帮助客户进行更加深入的职业分析，甚至提供后续的跟踪服务，客户愿意支付更高的费用。于是，你设计了一套完整的服务体系，包括职业兴趣测试、个性化发展方案、面试技巧培训等，收费也从每小时 200 元涨到每小时 1000 元。

 如何把一份时间卖出多次

提升时薪固然重要，但更高效的策略是让一份时间的产出重复多次，实现收益的最大化。

1.将一份内容多平台分发

如果你从事的是新媒体行业，那么当你创作了优质的内容时，就不要局限于单一平台发布，而是将同一篇文章、视频、博客分发到多个平台，比如微博、知乎、微信公众号、抖音、B 站等。这不仅增加了曝光率，还能从不同平台获得广告收入、打赏和流量奖励。

2. 制作和销售课程

如果你有各种专业知识，且在专业领域有一定的影响力，那么你可以考虑将自己的专业知识和经验打包成在线课程，上传到多个教育平台，如网易云课堂、Udemy、Coursera 等。通过一次制作，多次销售，你可以持续获得课程收入。

3. 写作和出版

如果你是一名写作爱好者，不妨将你的经验和见解发布在网络文学平台或出版制作成电子书或纸质书。每当有新读者购买时，你就能从中获得版税收入。电子书还可以通过打折促销、限时免费等方式吸引更多读者。

4. 会员和订阅服务

开设会员订阅服务，定期提供独家内容、咨询服务或专业建议。可以选择微信公众号、知乎盐选等平台，通过持续的内容输出和服务，获得稳定的订阅收入。

5. 知识付费

你可以将自己的经验和知识系统化，开设讲座、工作坊或线下培训班。你可以将其录制成视频课程，发布在多个平台，或者将培训资料整理成教材，多次销售。

热门副业推荐

尽管主业占据了你的大部分时间，但这并不妨碍你通过副业赚取额外收入。许多副业不仅能带来可观的收入，还能帮助你学到新技能，结识更多的人，甚至找到新的职业方向。比如，有些人通过写作、设计、网店等副业，不仅改善了经济状况，还获得了成就感和新机会。

1. 文案创作：开启你的文字变现之路

文案创作是门槛相对较低的副业，只需具备基本的文字功底和创意思维。互联网时代，企业和个人都需要大量的优质文案，因此你可以试着开启文字变现之路。

（1）入门指南。

一是学习基础。你可以通过阅读文案写作的图书，或者观看免费的教程视频，快速掌握基本技巧。

二是积累经验。从小单开始接，哪怕是一两百元的稿子也不要放弃。这不仅能积累经验，还能逐步拓宽你的人脉和渠道。

三是建立口碑。一旦你的作品得到认可，会有更多的客户主动找你合作。口碑和品牌的建立非常重要，优质的服务和作品是你建立口碑的关键。

（2）实际建议。

一是多写多练。你要经常锻炼写作能力，以提高你的效率和质量。

二是利用平台。你可以在知乎、豆瓣、简书等平台上发布文章，积累曝光度。

三是寻找客户。你可以通过朋友圈、微博、写作群等寻找合作机会。

2. 自由译者：语言技能变现

掌握一门外语不仅是一项技能，还可以积累财富。很多人认为学语言很难，但丰富的学习方法和资源大幅降低了学习门槛。

（1）入门指南。

一是选择语言。避开竞争激烈的英语，你可以选择一些需求较高且竞争较少的小语种，如西班牙语、葡萄牙语等。

二是学习工具。利用扇贝单词、百词斩等语言学习 App，坚持每天学习和练习，6 个月内即可掌握日常对话。这些学习工具不仅为你提供了丰富的学习资源，还能通过有趣的学习方式和科学的记忆方法，帮助你更高效地掌握新语言。

三是实践翻译。开始接一些简单的翻译任务时，不需要逐词翻译，但要准确传达意思。

（2）实际建议。

一是寻找平台。你可以在翻译平台，如有道翻译、我译网上注册，寻找兼职翻译的机会。这些平台不仅提供丰富的翻译任务，还能够让你根据自己的时间灵活安排工作，实现稳定的兼职收入。

二是提高专业性。通过不断学习和积累，你可以提升翻译质量，逐步提高收费标准。

三是建立客户群。通过优质服务积累客户，你就能形成稳定的业务来源。

3. 产品体验师：把兴趣变成收入

"产品体验师"听起来很难，其实入门不难。你可以选择一个自己感兴趣的领域，如化妆品、电子设备、食品饮料等，通过实际体验写下详细的体验报告。

（1）入门指南。

一是选择领域。选择自己感兴趣且有一定了解的领域，开始积累相关知识。

二是写作练习。模拟写一些产品体验报告，提高你的写作水平和专业度。

三是联系品牌。主动联系品牌商，介绍自己并提供之前的体验报告，争取体验机会。

（2）实际建议。

一是利用社交媒体。在微博、小红书等平台分享你的体验文章，增加曝光率。

二是建立合作关系。你一旦成功与品牌合作，就要提供高质量的体验报告，争取长期合作。

三是多渠道发展。不要限于产品体验，还可以进行视频体验分享，吸引更多关注。

4.剪辑师：短视频时代的高需求技能

短视频的流行让视频剪辑行业成为热门副业。如果你能掌握基本的剪辑技巧，并且有创意，那么这将是一个高收入的副业。

（1）入门指南。

一是学习基础。通过网络课程学习剪辑软件，如 Premiere、Final Cut Pro 的操作。

二是练习技巧。不断练习，制作一些简单的视频，提高你的剪辑技术。

三是个人风格。在剪辑过程中加入你个人创意，形成自己独特的剪辑风格。

（2）实际建议。

一是发布作品。在抖音、快手、B站等平台发布自己的作品，获取关注和粉丝。

二是接单平台。通过猪八戒、威客网等平台接一些剪辑任务，你就可以积累经验和收入。

三是长期合作。与一些自媒体博主或小企业建立长期合作关系，为他们提供稳定的视频剪辑服务。

5. 心理疏导师：心灵的守护者

现代社会压力巨大，许多人需要心理疏导。如果你对心理学有兴趣，并且愿意学习相关知识，成为心理疏导师是一个不错的选择。

（1）入门指南。

一是学习基础。通过网络课程或书籍学习基础的心理学知识。

二是模拟练习。通过身边的人练习心理疏导技巧，提高实际操作能力。

三是注册平台。在一些心理疏导平台，如壹心理、简单心理等注册，开始接单服务。

（2）实际建议。

一是提供服务。在平台上提供心理疏导服务，积累评价和口碑。

二是多元发展。不仅限于线上服务，还可以组织线下沙龙、讲座等活动。

三是专业认证。考取相关的心理咨询师证书，提升自己的专业度和可信度。

6. 公众号运营：用文字打动人心

如果你热爱写作，并且有一定的写作技巧，运营公众号是一个不错的选择。通过发布原创内容，你可以吸引大量读者，从而带来广告和赞赏收入。

（1）入门指南。

一是选定方向。选择一个自己擅长且有兴趣的领域，如小说、科技、生活等。

二是内容策划。制订详细的内容计划，你要保证定期更新。

三是互动交流。与读者保持互动，增加读者黏性和活跃度。

（2）实际建议。

一是多渠道推广。通过朋友圈、微博、知乎等渠道推广自己的公众号，这样可以吸引更多关注。

二是合作推广。与其他公众号合作互推，扩大自己的影响力。

三是商业变现。当粉丝数量达到一定规模后，你可以通过广告、赞赏、知识付费等方式实现变现。

7. 电商创业：打造你的线上品牌

电商创业是近年来非常流行的副业，通过在电商平台上出售商品，可以实现收入的大幅提升。

（1）入门指南。

一是选择平台。选择适合自己的电商平台，如淘宝、京东、拼多多等。

二是商品选择。选择一些市场需求大、竞争相对较小的商品进行销售。

三是店铺运营。学习并掌握店铺运营的基本知识，如商品上架、客服管理、物流配送等。

（2）实际建议。

一是优化产品。通过市场调研和顾客反馈，你可以不断优化产品，提高用户满意度。

二是品牌建设。注重品牌建设，可以提升店铺的知名度和信誉度。

三是多渠道营销。通过社交媒体、直播带货等方式进行多渠道营销，扩大你产品的销售额。

这些副业虽然看似简单，但只要你有足够的热情和努力，就可以在其中获得可观的收入。它们不仅能充实你的业余时间，还能带来经济上的回报，让你的生活更加从容和稳妥。无论你选择哪一种副业，都要坚持不懈，付出努力，才能获得成功。

从副业里找到未来价值点

在职场上，我们都希望通过升职加薪来实现自己的职业目标。然而，除了主业的晋升，探索副业也能为我们带来更多的机会和财富。本节将从三个身份角度出发，帮助你更好地利用现有资源，提升副业的收益。

1. 资源者

作为资源者，你工作中的技能、人脉和时间可以在副业中发挥巨大作用，帮你实现收入提升和个人成长。

首先，技能。如果你是一名销售人员，具备强大的谈判能力，这些技能可以在副业中大显身手。例如，一些销售人员在业余时间开始做兼职销售培训师，通过提升和应用自己的沟通技巧，不仅帮助他人提升销售水平，还为自己带来了额外收入。

其次，人脉资源。很多人拥有优质的人脉资源却未加以利用。例如，一些市场推广人员在大型企业工作，经常与各大商会和协会打交道。起初，他们可能未意识到这些人脉的价值。在职业导师的建议下，这些人开始有意识地经营这些关系，主动参与各种活动，结识更多业内人士。渐渐地，他们在副业中找到了定位，成为专业的网络推广咨询师，提升了自己的影响力和收入。

最后，时间管理。许多刚毕业的年轻人，主业和副业的选择余地不大，收入也相对固定。比如，一些金融分析师利用业余时间兼职做理财顾问，通过合理安排时间，将业余时间用于提升专业技能和拓展客户群体。虽然辛苦，但他们逐渐在副业上取得了可观的收益，并为未来的职业发展奠定了基础。

作为资源者，你可以从以下三方面来兼顾主业和副业。

（1）深入学习。不断提升自身技能是关键。例如，销售人员可以通过参加线上销售技巧培训课程，阅读经典图书，不断更新自己的知识。同时，关注行业动态，通过订阅微信公众号、参加专业论坛等途径获取最新信息，也是扩展知识面的有效方法。

（2）经营人脉。积极参与行业活动至关重要。比如，市场推广人员可以定期参加行业展会、峰会等活动，利用这些机会认识更多业内人士。同时，加入专业社群，如微信群、QQ 群，与同行交流经验、分享资源，并保持与行业内人士的联系，建立并维护良好的人际关系。

（3）高效利用时间。学会管理时间是实现主业和副业平衡的关键。

比如，金融分析师可以通过制订详细的日程表，将主业和副业的任务时间分配合理。利用早晨或晚间的碎片时间，通过手机 App 学习新知识，如利用地铁通勤时间听财经类播客，提升自己的综合能力。

2. 配置者

作为配置者，你需要具备灵活调配自身资源的能力。这意味着，你不仅要在主业上游刃有余，保持竞争力，还要能迅速将已有的资源和能力转移到副业上，并探索多种副业身份。

比如，你是一家广告公司的创意总监，在职场上已经积累了丰富的经验和广泛的人脉。如果你决定换工作，则不需要常规的投简历方式，只需通过朋友介绍或猎头就能轻松找到新职位。与此同时，你将自己的技能和资源应用到多个副业中，就会取得显著的成绩。

首先，你可以利用自己的创意和广告策划能力，为小型企业提供品牌设计服务。由于你在行业内具有较高的知名度，很快就能接到订单。通过这些订单，你就能迅速积累口碑和客户资源。

其次，你还可以把业余时间投入一项与主业完全不同的领域——线上课程制作。作为一个创意产业从业者，你对拍摄和剪辑视频有浓厚的兴趣。于是，你开设了一门关于创意广告的线上课程，吸引了许多有志于进入广告行业的年轻人。这个副业不仅为你带来了额外收入，还进一步提升了你在行业内的影响力。

作为配置者，你可以从以下四个方面来兼顾主业和副业。

（1）多线并进。利用你的核心技能，在多个领域做出尝试。例如，如果你是市场营销专家，就可以考虑做市场咨询，同时也可以写作市场营销相关的书籍或文章。

（2）扩大人脉。不断扩展你的人脉网络。参加各种行业内外的交流活动，加入相关的社群或协会，拓宽自己的人际圈子。这样不仅有助于你的主业，还为你开展副业提供了更多机会。

（3）合理分配时间。学会高效地管理时间，确保主业和副业两不误。利用各种时间管理工具，制订详细的时间计划，把每一天的时间都用在刀刃上。

（4）不断学习。保持学习的热情，不断提升自己的专业技能和知识储备。参加培训课程、阅读相关书籍、关注行业动态，使自己在主业和副业上都能保持竞争力。

3. "资本家"

作为"资本家"，你已经能有效地盘活周围的资源。在职场上，这种表现可以使你升职为区域或者公司的管理者，不再只是负责单一的职能，而是管理多个部门，协调公司的整体资源。你的收入来源也不仅仅是基本工资，而是因完成公司 KPI 而获得更高的收入。

在副业上，你不仅仅是通过出售时间来赚取收入，而是开始提炼出一套成功的模式，带动一批人一起做事。比如，你创建一个培训班，分享你的成功经验，并通过学员的学习成果获取收益。

某互联网公司的部门总监，负责多个团队的管理。她利用自己的管理经验和资源，在工作之余创办了一个在线职业发展平台，帮助职场新人提升技能和规划职业路线。起初，她亲自录制课程，后来逐渐建立了一个讲师团队，自己只需负责课程审核和平台运营。通过这个平台，她不仅获得了可观的收入，还扩大了个人品牌影响力。

作为具有"资本家"潜力的你，可以从以下四个方面来兼顾主业和副业。

（1）建立团队。找到志同道合的人，成立一个小团队，将你的成功经验和资源分享给他们，与他们一起创造价值。通过团队的力量，你可以更高效地完成任务，获得更大的收益。

（2）打造个人品牌。在社交媒体上持续输出高质量的内容，这样可以展示你的专业知识和经验，从而吸引更多的关注和粉丝。利用这些影响力，你可以开展线上、线下的培训和咨询服务。

（3）模式化运作。将你的成功经验和操作流程整理成系统化的知识，开发成课程、写成书籍，或者录制成视频。通过这些内容的销售，你可以获取被动收入。

（4）多元化收入。除了主业和副业，你还可以尝试多种收入来源，如投资理财、股权合作等。这样，你不仅可以分散风险，还可以增加收入渠道。

总的来说，作为"资本家"，你需要具备统筹全局的能力，敏锐地发现和利用周围的资源，并且能够带领团队协同作战。在这个过程中，你不仅可以提升自己的收入，还可以创建一个可持续发展的个人品牌。

从资源者到配置者，再到"资本家"，你的每个身份都具有特定的特点和操作方式。无论你处在哪个阶段，制订1～3个行动计划，逐步落实。比如，如果你是资源者，就可以重点提升技能和积累人脉；你如果是配置者，就可以尝试多线并进，开拓新领域；你如果是"资本家"，就可以打造团队，模式化运作。

副业蓄水池：搭建多维收入渠道

做任何事情，如果一直看不到进步，人们就会缺乏成就感，可能因此失去动力。特别是在职场中，如果长期没有获得晋升机会，你要主动反思是自身能力不足，还是公司确实缺乏晋升空间。同样地，很多人无法长期坚持副业，主要原因是副业过于单调或投资回报率不高。那么，该如何逐步增加副业收入呢？

 从公益出发，迈向第一笔副业收入

在现代职场和生活中，持续进步和成就感对个人发展至关重要。然而，许多人在尝试副业时因缺乏明显回报而丧失动力，放弃了原本可能成功的道路。事实上，从公益起步可以为你的副业收入铺平道路。

许多人在探索副业的初期，往往需要一段时间才能获得实质性的收入。因为初期的投入大多是无偿的。例如，开设淘宝店铺，免费赠送低价值产品给朋友体验；撰写大量免费文章投稿；提供公益性质的咨询服务；或者接受平台邀请进行免费分享。这些无偿的付出虽然看似没有直接回报，却为未来的收费奠定了基础。

从公益到收费的转变，关键在于思维的转换。利用平台的力量，你可以有效地帮助个人实现副业收入。比如，在一个名为"价值变现研习社"的社群中，很多学员在加入之前并没有收费的意识。然而，当他们看到其他人在社群中分享和收费时，才意识到自己的技能和产品也可以收费。这种平台效应能唤醒个人的收费意识，让他们开始尝试将自己的劳动转化为实际收入。

收费意识的觉醒是一个重要的里程碑。即使你初次收费的金额不大，这个过程也非常重要。它不仅是对个人能力的认可，还打开了未来价值变现的可能性。在做公益项目时，重视正面的反馈和好评至关重要。每次获得好评时，将其分享到社交媒体，让朋友和潜在客户知道你从事的工作。当他们未来有相关需求时，他们自然会优先想到你。

要想在副业中取得成功，提供的服务或产品必须物超所值。无论是销售实体产品，提供咨询服务，还是进行课程讲授，都需要不断地根据客户的反馈和评价来提升质量。这样，个人能力和产品价值才会得到市场的认可。

 **如何拓宽副业收入渠道**

在今天的社会环境中，增加副业收入已经成了不少人的选择。

1. 不要嫌钱少，要敢于尝试

初期的副业收入可能微不足道，但它们的价值远不止于金钱。例如，撰写育儿文章虽然稿费不高，但能持续锻炼写作能力，也为未来更高的稿费打下基础。很多人在初期因为计较收入而放弃了一些看似收入低的渠道，但这些渠道往往是提升能力的宝贵机会。比如，一对一咨询尽管在总收入中占比不高，但能让你更深入地了解目标用户的需求，同时真正帮助他人。并且，在帮助他人的过程中，你也在不断地提升自己的能力。

2. 多做加法，多提升能力

主业、副业同时进行确实不轻松，但这是提升个人能力的好方法。不同的身份和角色会带来更多的工作和挑战，但这也意味着你有更多的学习和成长机会。例如，除了主业之外，你还可以经营一个自媒体账号、策划和主持线上培训、参与志愿者项目等。这些活动能帮助你提升不同方面的能力，而这些能力的提升又能为你开拓更多的副业渠道提供助力。

3.从自身优势出发，拓展副业

拓展副业渠道时，你应尽量从自身已有的能力出发。例如，你擅长讲课，则可以开设训练营或线上课程，可以自己在平台上开课，也可以与其他平台合作。这两者所需的讲课能力是相同的，无须额外学习新的技能，就能增加副业收入的渠道。同样，你擅长写作，则可以撰写付费文章，同时也可以运营自己的公众号，通过广告、打赏等获得额外收入。

4.善用平台资源

利用各种平台资源可以更快地实现副业收入。例如，在社交媒体上分享自己的专业知识和经验，吸引更多的关注和付费用户；参加各种线上、线下活动，扩大自己的影响力。这些平台不仅为你提供了展示自己的机会，还帮助你找到了更多收入渠道。

 找出副业里的主要营收项目

在副业初期，许多人建议尽量多尝试不同的收入渠道，以增加收入的多样性和稳定性。然而，随着时间的推移和经验的积累，人们的时间和精力毕竟有限，因此你要适时做出调整，聚焦于最有潜力的副业项目。那么，如何找出副业里的主要营收项目呢？

首先，当你的副业收入渠道超过五个、副业收入达到5万元时，你就可以考虑进行优化和聚焦了。在这个阶段，你需要重点分析哪些副业项目可以带来持续的、重复性的收入。

1. 聚焦可重复销售的副业

比如，你是做电商的，那么每天只关注卖出多少产品，虽然短期内可能获得一定收入，但要实现大规模销售并不容易。相反，你如果能够发展合作伙伴，教他们如何销售产品，这样你不仅能帮他人增加收入，还能从他们的销售中获益。这种方式不仅能扩大你的销售团队，还能实现收入的倍增。

同样地，对于知识付费产品，你如果能制作出高质量的课程，然后通过多个平台进行销售，这种产品就能成为一个主要的营收项目。因为一旦课程制作完成，就可以反复销售，不需要每次都投入大量时间。

2. 按实际收入进行排序

在决定聚焦哪些副业项目时，你可以按照实际收入进行排序。首先，把所有的副业收入渠道罗列出来，然后计算每一份收入的日薪。例如，你做电商，一个月收入1万元，付出的时间是10天，那么日薪就是1000元。再如，提供一对一咨询服务，你一个月收入4000元，付出的时间是8天，那么日薪是500元。按照这种方法，你可以计算出每个副业渠道的日薪，并进行排序，排名靠前的1～3个渠道就是你主要的营收项目。

3. 做出适当的减法

当你确定了主要的营收项目后，你需要适时做出减法，舍弃那些收益较低、时间投入高的副业项目。比如，一对一咨询虽然能带来收入，但相对来说比较耗费时间和精力。因此，你可以将更多的时间和资源投入那些可以重复销售、高回报的项目中，如课程销售、合作伙伴发展等。

要想找出副业里的主要营收项目，首先需要满足一定的收入和渠道数量前提，其次要科学地计算每个项目的实际收入，最后按照收入高低进行排序和筛选。在这个过程中，你要有意识地引导自己，聚焦于那些可持续发展的项目。这样不仅能提高你的收入效率，还能为你未来的发展打下坚实的基础。

第八章
投资创富，让每一分钱为你打工

　　投资创富并不是一件高深莫测的事情，它其实离我们的日常生活很近。通过合理的投资规划，我们可以让资金不断增值，实现财富稳步增长，不仅为自己，还为家人创造一个稳定和安心的未来。

当钱越来越不值钱时，资产如何保值、增值

投资就像是打理一个菜园。在这个菜园里，不同的作物需要不同的土壤、阳光和水分，而且不能只种一种菜，否则一场风雨可能就让你颗粒无收。同样，你若把所有的钱都放在一个投资篮子里，风险也会很大。

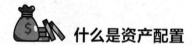 什么是资产配置

简单来说，资产配置是根据自身的经济状况和风险承受能力，将资金合理分配到不同类型的投资产品中。这些投资产品包括股票、债券、房地产、黄金等。通过这种方式，你可以在不同市场条件下分散风险，平衡收益。

很多人认为，资产配置是富人或专业机构才需要考虑的事情，其实不然。无论你有 10 万元，还是 100 万元，都需要思考如何分散投资。你若早早规划好自己的资产配置，你的财富就能在未来稳健地增长。

例如，如果你把所有的钱都存银行定期储蓄，虽然风险低，但收益也不高，难以抵御日益增长的通货膨胀。而如果你把部分资金投入风险较高但回报率也较高的股票市场，同时配置一些稳健的债券和黄金，那么即便某一类资产表现不佳，你的整体资产依然可以保持一个较为平稳的增长。

学会资产配置不是让你成为一个专业的投资大鳄，而是帮助你在复杂的经济环境中，让每一分钱都能更安全、更有效地增值，达到你期望的财

务目标。

 配置资产前需明确的几个问题

在准备资产配置之前，你需要对自己的个人情况、投资目标、可投资的资金状况及风险承受能力有深刻的了解。只有明确这些问题，你才能制定出合理的资产配置方案，确保财富保值增值。

1.了解个人情况信息

了解个人情况是理财的基础。即使你不参与风险投资，你也需要对自己的情况有全面的认知。个人情况的信息包括如下三点。

一是所在地区。所在地区的经济环境和发展潜力会影响你的投资选择。

二是家庭成员和结构。家庭成员的数量、年龄、健康状况等都会影响你的财务规划。

三是财务状况。包括工作稳定性、收入水平、去除支出后的净现金流、负债情况、储蓄与投资现状等。

以上这些信息能帮助你更好地评估自己的财务健康状况，从而制定切实可行的投资策略。

2.明确资产配置的目标

大多数人投资的初衷是希望财富增长，但很多人没有详细的规划。盲目追求高收益，会导致严重的损失。明确资产配置目标非常重要，不仅要知道自己想赚多少钱，还要知道如何在合理风险下实现目标。

例如，如果你投资的是企业债券，主要收益来源是利息，风险较小，那么你能追求稳定现金流。你如果投资的是混合型债券基金，虽然收益潜力较大，但风险也随之增加。所以，要明确你的投资目标，是为了稳健增值还是高风险高收益，这将直接影响你的资产配置策略。

表 8-1 列示的是不同等级风险的资产对比。

表 8-1 不同等级风险的资产对比

资产风险等级	预期收益	产品	适用范围和特点
1	1% ～ 4%	货币基金、活期存款、储蓄账户	（1）应急 （2）随时可以增加投资的资金
2	4% ～ 6%	定息债券、债券基金、人寿保险或储蓄保险、大型蓝筹或国企股	（1）短期、中期投资 （2）有定期提款计划 （3）收益相对稳定
3	6% ～ 10%	房地产信托基金、信托、国际混合型债券基金、高息股票、新兴市场债券基金	创造更高的被动收入，但要承担价格波动的风险
4	>10%	国际股票基金、国际债券基金、小型民企股票	中期、长期投资
5	>15%	大型行业或地区基金、对冲基金、期货合约	（1）追求更高收入 （2）资产价格波动大，要及时提盈
6	>20%	小型行业或地区基金、私募基金、民营企业入股、艺术品	（1）超高收益的投资组合 （2）市场流动性有限制，价格难以预测

3. 了解自己能够投入的资金情况

首先，列出你的所有资产，包括现金、银行存款、股票、基金、房地产等。其次，扣除你的所有负债，包括贷款、信用卡欠款等。最后，减去一些你必须保留的紧急备用金，剩下的部分就是你可以用来投资的资产。

可投资的资产具体公式如下：

$$可投资资产 = 总资产 - 总负债 - 紧急备用金$$

通过这个简单的计算，你可以清楚地知道自己有多少资金可供投资。这一步至关重要，因为只有明确可投资资产的数额，你才能更好地进行资产配置，制定合理的投资策略，进而实现你的财富增值目标。

需要注意的是，任何有合约锁定期或无法自由提取的资产，都不能算作可投资资产。例如，用贷款买的房产虽是净资产的一部分，但因为不易变现，所以它不能算作可投资资金。

4. 了解自己的风险偏好

每个人对风险的承受能力不同，风险偏好会影响你的投资决策和资产选择。要想了解自己的风险偏好，可以通过以下四类投资风格来判断。

（1）绝对保守型。这类投资者强调安全性，优先考虑安全的资产，如货币基金、定期存款和国债。虽然回报率不高，但风险也较低，适合那些对本金安全有强烈需求的人。

（2）相对保守型。这类投资者在保守的基础上，愿意承担一定风险。他们会选择储蓄型人寿保险、定息债券等相对安全的投资，并将少部分资金投入蓝筹股和大型股票基金，寻求稍高的回报。

（3）积极投资型。这些投资者灵活多变，选择攻守兼备的投资策略。他们愿意尝试新产品，并在风险可控的范围内追求更高收益。这类投资者注重现金储备，善于抓住机会投资有潜力的资产，并常常征询财富管理专家的建议。

（4）冒险投资型。这类投资者喜欢高风险、高回报的投资方式，愿意将大部分资金投入高风险市场，追求超高收益。但由于风险高，他们容易遭受重大损失。建议这类投资者将60%的资产投资于不动产或固定收益类资产，并定期咨询投资顾问，制定退出机制，防止自己过度冒险。

 保持投资资产的多样性

很多人误以为资产配置就是简单地"不要把所有鸡蛋放在同一个篮子里"，结果在各种投资产品上都分散了一些资金。其实，只有把鸡蛋放在几个优质的篮子里，才能让有限的资金带来更大的收益。

比如，你如果投资了股票，同时又买了股票基金，那么当股市出现系统性风险时，这两者会同时受到重创。所以，投资关键不在于投资产品的名称，而在于了解这些产品背后的资产是什么，避免重复投资同类型的资产，否则，不仅无法分散风险，反而会增加风险。

一个明智的投资者，无论市场是上涨还是下跌，都能找到合适的投资机会。究其原因，他依靠的是合理的资产配置和预见性的规划。对于那些前景看好的资产和市场，你可以选择投资增长型的产品；对于那些前景不明朗甚至看跌的资产和市场，你可以选择防御型或保值型的产品。这样，无论市场如何波动，你都有机会获得收益。

微利时代，如何配置流动资金

很多人觉得投资有风险，那么不投资是不是就没有风险呢？其实不然。即便你什么都不做，只是把钱放在口袋里，风险还是存在的。比如，通货膨胀时，就算你把钱存进银行，你的钱依然会不断贬值。由此来看，持有现金看似安全，但你的财富在悄悄缩水。

同时，持有现金还存在一个重要的机会成本问题。如果你不懂得利用钱生钱，你会错过许多让资产增值的机会。懂得投资的人和不懂投资的人，随着时间的推移，财富差距会越来越大。现金本身无法产生很大的价值，因此，你需要将部分现金配置到其他相对安全的资产上，让这些资金"活"起来，才能为你带来持续的收益。

 银行存款与货币基金

在这个微利时代，如何合理配置流动资产显得尤为重要。那么，什么是流动资产？流动资产，是指那些短期持有、安全性高、随时可以动用的资金，主要包括银行存款和货币基金。

1. 银行存款

银行存款是最传统也是最受欢迎的流动资产之一。它的安全性高，容易理解且操作简单。

比如，表 8-2 所示的是 2024 年某银行的定期存款利率。

表 8-2　2024 年某银行的定期存款利率

存款期限	利率
三个月	1.10%
半年	1.35%
一年	1.55%
两年	1.60%
三年	1.80%
五年	1.85%

如果你有一定的闲置资金，存入银行定期存款是一个保值增值的稳健选择。为了提高银行存款的利息收益，你可以采用"阶梯储蓄法"。假设你有50万元现金，可以将其分成五份，分别存为一年期、二年期、三年期、四年期和五年期的定期存款。这样，每年都有一笔存款到期。到期后再续存为五年期的存款，如此循环，五年后你的所有存款都将是五年期的定期存款，但它们的到期时间都差了一年。

这种储蓄方法不仅能应对利率的调整，还能享受长期存款的较高利息，非常适合那些生活开支有规律且能够系统管理现金的家庭。

2. 货币基金

货币基金是大家熟悉的一种流动资产，如支付宝的余额宝和微信的零钱通。它们操作简单，随时可赎回，灵活度较高。尽管收益不高，但其低风险属性使其成了激活闲置现金的好工具。

货币基金以低风险和高流动性著称，主要投资于短期货币市场工具，如国债和银行存款，适用于管理闲置现金。

由于其安全性和流动性，货币基金是短期资金管理的理想选择，而结合其他基金类型的投资则可满足长期增值需求。

3. 银行存款与货币基金的区别

虽然银行存款和货币基金都属于流动资产，但它们之间存在一些区别。

（1）安全性。银行存款相对更适合投资小白，因为它的安全性极高，利率是固定的，不会像货币基金那样随市场波动。而且每家银行都有50万元的存款保险保障，即使银行破产，你的存款也可以拿回50万元。

（2）收益性。货币基金的收益率不固定，受到市场利率的影响。因此，它的收益率高于银行存款，但也伴随着一定的波动风险。货币基金的大部分投向是银行协议存款和短期市场工具，这使得它的风险略高于银行存款。

（3）流动性。银行存款的流动性非常高，特别是活期存款，可以随时支取。而货币基金虽然灵活，但实时到账的额度有限。例如，支付宝的余额宝一天只能实时提现1万元，不同平台和产品的提现限制也各有不同。

通过合理地配置流动资金，你不仅能在通货膨胀中保值，还能为未来的投资和消费提供充足的资金保障。

货币基金的替代品：短期纯债型基金

微利时代，短期纯债型基金也是不错的投资工具。短期纯债型基金主要投资于期限在1～3年的债券和流动性强的短期货币市场工具。它的门槛很低，通常只需100元起投，有些甚至10元就可以起投。

在投资短期纯债型基金时，有几个关键点需要特别注意。

（1）信用评级。债券的评级越高，违约风险就越低，按时支付利息的概率就越高。通常情况下，信用评级为AAA的债券被视为拥有极强的偿债能力，违约风险极低。因此，尽量选择债券评级都是AAA级别的债券基金，这样风险较低。

（2）投资范围。确保基金不投资股票、权证等权益类资产，也不投资可转换债券和可交换债券，这样可以进一步降低风险。

（3）赎回流动性。在投资短债基金时，赎回流动性是一个重要的考虑因素。短期纯债型基金的赎回期因基金而异，但大多数基金在赎回时并不设限额，并且通常能够在T+2日内完成资金到账。这里的"T+2"指的是交易日加上两个工作日，也就是说，从你提交赎回申请的当天起，两个工作日后，资金会到你的账户。

这种安排涉及两个方面。一是基金管理公司需要时间来处理赎回申请和清算相关交易，二是银行系统也需要时间来完成资金的转账和结算。你可以优先选择那些每天开放申购和赎回的基金，因为这些基金具备更好的流动性和操作灵活性，能够更及时地满足你的资金流动需求。对你来说，了解赎回流动性和资金到账周期，有助于你更好地规划资金使用和管理自己的现金流。

短期纯债型基金是银行存款和货币基金的良好替代品，特别适合在利率低迷的环境中追求较高收益的投资者。通过合理配置这些流动资产，你能在保证资金流动性的同时，获得更高的收益，为未来的理财和消费提供坚实的基础。

 **短期现金管理类产品**

除了银行存款和货币基金，短期现金管理类产品也是一种值得考虑的流动资产。这些产品主要投资于"标准化固定收益类金融工具"，包括国债、银行及其他金融机构发行的债券、中央银行票据、企业债券、公司债券、可转债、可交换债等，以及监管机构允许的其他固定收益类产品。特别是企业债券、公司债券、可转债和可交换债的主体评级不低于 AA，且债券剩余期限超过 397 天的部分不超过总资产价值的 50%。

短期现金管理类产品以其高流动性和灵活性而受到关注，允许投资者每日、每周或每双周进行申购和赎回，其年化收益率分别约为 3.02%、3.27% 和 3.53%（金融产品的收益率会根据市场利率和管理费等因素动态调整，这里的收益率只是在一般情况下）。这些产品通常被评定为 R2 风险等级，与余额宝等产品的风险相当，但收益略高。

在金融产品的风险评级体系中，风险等级从 R1 到 R5 不等，R1 为风险等级最低，R5 为风险等级最高。金融机构通过这种分类帮助投资者了解产品的风险特征，以便更好地选择符合其风险偏好的投资工具。

短期现金管理类产品一般是 30 万元起投。购买前，销售机构会核实投资者的两个主要信息：个人信息（包括姓名、证件号码和过去 3 年的年均收入超过 50 万元）和两年以上的投资经验。投资经验可以通过提供银行理财、公募基金、私募基金、股票交易和特定保险（如投连险）的交易记录截图来证明，交易记录距今需满两年。

这些短期现金管理类产品可作为紧急储备金的一部分，其最大的优势在于流动性。这里需要区分"流动性"和"市场性"两个概念，因为很多人误以为，只要投资的资产可以随时买卖就是流动性强。实际上，如果投资的资产只能部分赎回，或赎回时价值大幅缩水，那它只能称为有市场性，而不是流动性强。

真正的流动资产应具备以下两点：一是可以随时在市场上出售，二是价格波动极小。将这部分资产投资于股票或中期债券基金不合适，因为这些资产的价格波动较大，不适合作为紧急储备金。流动资产的核心在于其流动性，无论资产本身多有价值，只要在关键时刻无法及时变现，那么它就无法提供保障。

对大多数中产家庭来说，合理配置流动资产至关重要。合理的资产配置不仅能在你需要时迅速提供资金支持，还能在微利时代为你带来相对稳健的收益。

人人可用的"631 基金配置法则"

对普通人来说,相对省心的投资方式就是买基金。为什么这么说呢?因为普通投资者很难准确地预测股票的涨跌,也很难做到及时止盈、止损,而基金恰恰能通过专业团队管理和系统化运作,为投资者解决这些核心痛点。

"631 基金配置法则"的核心思想

"631 基金配置法则"是一种简单有效的基金配置方法,它不仅可以让你稳健地获取收益,还可以使你有效地控制投资风险。

1. "631"中的"6",指 60% 投资于指数基金

指数基金是一种被动管理的基金,跟踪特定指数的表现。它们的优势在于管理费用低、透明度高,并且能够稳定地跟随市场的整体表现。

指数基金跟踪的主流指数有以下三种。

一是中证 500 指数。该指数涵盖了 500 只中小市值的股票,能够反映中国 A 股市场中一批中小市值公司的整体表现。

二是沪深 300 指数。该指数由沪深证券交易所发布,反映了沪深两市中最具代表性的 300 只股票的表现。

三是上证 50 指数。该指数由上海证券交易所发布,选取了 50 只流动性好、规模大的股票,代表了上海证券市场中的龙头企业。

那么,指数基金该如何买呢?

(1)在估值低时买入。很多投资 App 都会提供指数的估值信息,估

值高时不要盲目买入，估值低时才是捡便宜筹码的好时机。

（2）指数基金的长期投资收益率通常在10%以上。因此，指数基金是相对稳健的投资方式。

比如，沪深300指数基金包括了沪深两市场中规模大、流动性好的300家公司。虽然这300家公司会随着市场变化不断调整，但你不需要担心具体哪家公司表现好，因为指数基金会自动调整，始终让你持有市场上最优秀的一批企业。

2. "631"中的"3"，指30%投资于优秀的主动型基金

主动型基金由基金经理主动管理，他们会根据市场变化和自身的判断，选择合适的股票进行投资。因此，选择一位优秀的基金经理至关重要，以下三点可供你选择时做参考。

（1）基金经理的从业时间。最好选择从业时间超过5年的基金经理。

（2）历史业绩。观察基金经理在牛市和熊市中的表现，要选择收益率稳定、经受过市场考验的基金经理。

（3）收益率。要优先选择那些长期（5年以上）年化收益率在20%左右的基金经理。

主动型基金的投资技巧主要包含以下两个。

（1）定投优秀的主动型基金，不用一次性买入。

（2）每当基金净值下跌时，增加买入量，利用市场波动摊低成本。

比如，你找到了一位在过去10年里始终保持稳定收益率的基金经理，那么你可以定投他管理的基金。比如，如果这位基金经理的基金每年平均收益率在20%，那么你的投资收益将会以一个较快的速度增长。

3. "631"中的"1"，指10%投资于行业基金

行业基金专注于特定行业进行投资，如医药、新能源、消费等。这类基金的收益较高，但风险也较大。

行业基金的选择可以参考以下两个标准。

（1）看好未来发展前景的行业。

（2）在行业低谷时买入，在高峰期卖出。

行业基金的投资技巧主要包含以下两点。

（1）不要长期持有行业基金，因为行业的变化较快，需要灵活操作所持有的行业基金。

（2）配置比例不要超过10%，以防单一行业波动对整体投资组合造成过大影响。

比如，你若看好新能源行业的前景，就可以购买新能源行业基金。因此，你可以在新能源行业处于低谷时买入，等到行业回暖时卖出。

为什么"631基金配置法则"适合投资基金产品？因为你不需要花费大量时间去研究个股和市场表现，基金经理会帮你打理。而且通过配置不同类型的基金，你可以有效分散投资风险。历史数据显示，长期持有指数基金和优秀的主动型基金，年化收益率可以稳定在10%～20%。

因此，不论你是投资新手，还是有一定经验的投资者，都可以尝试"631基金配置法则"，并根据自己的情况进行适当的调整和优化。记住，投资就像一场马拉松，你只有长期坚持正确的方法，才会看到回报。

 **基金定投的艺术**

在投资的世界里，情绪和价值的波动常常影响人们的投资决策。要想

真正从投资中获利，你需要避开追涨杀跌的情绪陷阱，掌握智慧定投基金的技巧。

1. 价值的钱与情绪的钱

价值的钱，是指市场在经历波动后，总会回归到自身的价值。在市场回调时，很多基金会从高点回落，但最终会回归到合理的价值区间。因此，聪明的投资者总是在别人恐惧时出手，高点止盈，低点买入。这种策略可以帮助你在波动的市场中获利。

但大多数散户在市场波动中随波逐流。很多人喜欢在市场上涨时追涨，在市场下跌时杀跌，这些情绪化的决策，结果往往是亏损的。而定投策略，它不受短期市场波动的干扰，坚持既定的投资计划，能有效规避因情绪波动而做出的非理性决策。这就是情绪的钱。

2. 长期持有与定投的力量

有一个黄金法则：你如果无法长期持有某只基金，且不能持续定投2年以上，那你最好不要买。定投的力量在于平摊你的买入成本。很多人希望自己在最低点买入，在最高点卖出，但现实是，我们无法准确预测市场的高低点。因此，定投是一种非常有效的策略。通过在不同市场阶段持续买入，你的整体成本价会趋于市场的平均水平，从而保证长期收益。

比如，你在水果店买了一个西瓜，是8元一斤，又在地摊买了一个西瓜，是5元一斤，平均每斤的成本是6.5元。基金投资也是如此，你如果持续定投，在高点和低点都买入，那么你的平均投资成本会持平市场价格，从长期来看，你会有不错的收益。

3. 智慧定投的优势

诸多投资工具提供了很多智慧定投的功能。例如，一些理财App会根据沪深 300 指数的估值来调整投资金额。当市场估值低于平均线时，你可以多投入一些；当市场估值高于平均线时，你可以少投入一些。这种策略可以进一步优化你的收益率，让你在市场波动中获得更高的回报。

股票分红再投资，稳健的财富增长策略

股票分红再投资是一种能够实现财富稳健增长的投资策略。通过将分红再投资于合适的收益型资产，你不仅可以享受企业成长带来的红利，还能提高投资组合的整体回报。

 ## 什么是股票分红再投资

所谓股票分红再投资，简单来说就是把公司发给你的股息（也就是分红的钱）再用来买公司的股票。这样一来，你不仅能继续享受公司成长的收益，还能通过不断增加持有的股票数量，实现财富的复利增长。选择股票分红再投资，主要有以下四点好处。

（1）复利效应。每次分红都再投资，等于不断增加本金，时间越长，复利效应越明显。

（2）降低投资成本。分红再投资类似于分批买入，可以在不同时间点平摊投资成本。

（3）增加持股数量。每次分红再投资都能让你持有更多的股票，未来分红也会更多。

（4）省时省力。自动投资，不需要你频繁操作。

如何选择稳健的收益型资产

1. 了解公司的财务状况

首先，你需要选择财务状况良好的公司进行投资。这些公司通常有稳定的收入和利润，负债不会太高，股东权益回报率（Return on Equity，ROE）也比较高。ROE就是用公司赚的钱除以股东的投资，其数值越大，表示公司越能有效利用资金赚钱。

你可以通过查阅公司公布的财务报表和年报等来了解这些信息。比如，一些大型的蓝筹股公司（消费品、医疗保健、金融等行业），通常财务状况较好，都是不错的选择。

2. **看公司的分红政策**

要想找到那些有稳定分红记录的公司，你可以重点关注以下三点。

（1）历史分红记录。看看公司过去几年甚至十几年的分红情况，是否持续稳定。

（2）分红支付率。分红支付率是公司分红占利润的比例。这个比例一般在40%～60%比较合理，太高可能影响公司再投资的能力。

（3）分红增长率。分红是否有持续增长的能力，这代表公司经营稳健，未来前景看好。

比如，美国有些公司被称为"股息贵族"，这些公司至少连续25年都有稳定分红，通常是稳健收益型资产的好选择。

3. **选择行业领先的公司**

行业领先的公司通常竞争力强，风险也较小。你可以选择将这些公司作为投资对象。行业领先的公司一般有以下三个特点。

（1）市场份额大。在行业内占有很大市场份额，具有高品牌知名度。

（2）创新能力强。持续的技术创新和研发投入，保持竞争优势。

（3）全球化布局。在全球都有业务，可以分散你的投资风险。

比如，消费品行业的宝洁、科技行业的苹果、医疗保健行业的强生，都是行业中的佼佼者，分红能力强，收益稳健。

4. 利用分红再投资计划（Dividend Reinvestment Plan，DRIP）

分红再投资计划（DRIP）是一种方便的工具，可以自动把你收到的分红再投资于公司的股票，不需要支付交易费用。通常，使用 DRIP 有三个好处。

（1）自动化。自动把分红再投资，省心省力。

（2）无交易费用。大部分 DRIP 计划免交易费，降低了投资成本。

（3）平摊成本。由于每次再投资时的市场价格可能不同，因此通过持续的分红再投资，投资者可以在不同价格点购买股票，从而平均购买成本。

许多大公司都有 DRIP 计划，你可以联系公司的投资者关系部门或者通过经纪商了解详细信息。

5. 考虑分红型基金和 ETF

如果你没有时间和精力研究个股，那么你可以考虑分红型基金或分红型 ETF。这些基金和 ETF 会投资一篮子高分红股票，具有以下三个优点。

（1）分散风险。通过持有多只股票，减少个股风险。

（2）专业管理。由专业的基金经理管理，省去你自行研究的时间和精力。

（3）流动性高。在市场上交易方便，灵活性强。

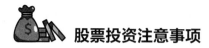 **股票投资注意事项**

1. 保持长期投资心态

股票分红再投资是一种长期策略，需要耐心和信心。你要避免因短期市场波动而频繁买卖，只有坚持长期持有优质资产，才能真正享受复利收益。

2. 定期检查和调整投资组合

尽管分红再投资是自动的，但你仍需定期检查投资组合，确保达到投资目标。你要每年或每季度检查一次持仓情况，评估公司财务状况和分红政策，必要时做调整。

3. 分散投资降低风险

分散投资可以降低单一资产的风险。你可以考虑将资金分配到多个高分红公司或分红型基金中，提高整体投资的稳健性。

4. 关注税收政策

要了解相关税收政策，合理筹划税务。例如，我国对于个人投资者持有挂牌公司的股票，根据持股期限不同取得的分红收入有不同的税收优惠，长期持有可以减轻税务负担，提高净收益。

用最划算的钱，买最好的保险

买东西追求划算是人之常情，但什么才叫划算呢？通常，大家认为少花钱买到一堆东西就是划算，实际情况是，买来的东西如果发挥不了应有的作用，那再便宜也不是真正的划算。买保险也是一样的道理。买到手不难，关键是它能否在关键时刻提供保障。那么，怎样购买保险才划算呢？

1. 成年人的保障需求

成年人作为家庭的经济支柱，需要应对多种潜在风险。因此，以下四类基本保险不可或缺：意外险、百万医疗险、重疾险和定期寿险。这四种保险的核心目的是在成人遭遇重大风险时，为家庭提供经济补偿，减轻经济负担。

（1）意外险 + 百万医疗险。

意外险主要保障各种意外伤害导致的门诊或住院费用，由保险公司报销；意外身故或残疾，保险公司则会直接赔付一笔钱。百万医疗险则负责报销大额住院费用，如癌症住院、严重烧伤住院等，这类住院费用非常高，但百万医疗险可以报销上百万的保额，可以大幅降低医疗负担。

意外险和百万医疗险都属于物美价廉的保险，普通成年人一年只需花几百元，就能买到几十万、上百万的保额。所以，买意外险时优先选综合意外险，买医疗险时优先选择百万医疗险，保费低，保额高，能帮你省下不少钱。

（2）重疾险 + 定期寿险。

重疾险虽然不算贵，但也不便宜，很多人买保险时，预算的一大半都用在重疾险上。所以，买重疾险时要多留心，买错一次就离划算远一步。定期寿险主要为家庭提供经济保障，如还房贷、赡养老人等，一旦顶梁柱遭遇不测，定期寿险能为家庭提供一笔资金，减轻经济压力。

2. 孩子的保障需求

相较于大人，孩子遭受意外和疾病的可能性更大。因此，为了孩子的健康成长，可以给孩子购买三类保险：意外险、医疗险和重疾险。

（1）意外险 + 医疗险。

孩子易受伤、易生病，所以儿童意外险和医疗险的价格比成人稍贵，但也在可接受范围内。你挑选产品时，只需考虑自家孩子的实际需求，不用过于纠结价格。

（2）重疾险。

给孩子购买重疾险，从长远来看，现在配置到位，未来孩子的保险压力会骤降；从短期来看，如果遇到像白血病这种需要骨髓移植的手术，重疾险的保额可以用于支付骨髓捐献者的费用，因为这些费用医疗保险无法覆盖。此外，重疾险还能补偿家人因看护孩子而导致的收入损失。

（3）不建议过早给孩子买寿险。

过早给孩子购买寿险会增加缴费压力，导致很多该买足的保额买不到位，完全偏离了追求划算的初衷。而且，银保监会规定，未满 10 岁的孩子，身故赔付金额最高不超过 20 万元；满 10 岁不满 18 岁的孩子，身故赔付金额最高不超过 50 万元。所以，你没必要早早花这笔冤枉钱。

3. 老人对保障的需求

给家里的老人买保险时，很多人会遇到两大问题：一是太贵不划算，二是根本买不了。

（1）重疾险。

老人如果患有高血压、糖尿病等病症，那么很多重疾险产品会直接拒保。即便能买，价格也非常贵，保额还不高，这就出现了所谓的"保费倒挂"现象，即保费总额比赔付金额高，总之就是非常不划算。老年人如果健康状况欠佳，但还是想买个类似重疾险的险种，可以考虑购买给付型防癌险，它只保癌症。老人如果罹患癌症，则保险公司会直接赔付一笔钱。

（2）医疗险。

医疗险虽然价格不会出现"保费倒挂"，但健康因素同样会导致被拒保，最终只能选择防癌医疗险。

（3）意外险。

老人的身体状况和生活环境决定了他们需要特定的保险保障，如意外险。比如，一般情况下，老年人岁数大了，腿脚不便，加上骨密度较低，摔一下会骨折，产生高额医疗费用。所以，给老人买一份有意外医疗责任的意外险很有必要。市面上有专门为老人设计的意外险，价格不贵，一年只需几百元，就能弥补伤残、骨折等意外带来的经济损失。

所以，老人必需的险种有两种：意外险和医疗险。老人如果健康情况尚好，年龄不大，可以考虑配一款重疾险；否则，防癌医疗险是最后的选择。

总的来说，买保险，别闷头乱买。多咨询，多比较，再做决定，这样才能确保你买到最适合自己的保险，避免以后理赔时出现意外情况。

长期保值工具：黄金及其他贵金属投资

在投资的世界里，黄金和其他贵金属（白银、铂金、钯金等）一直被视为长期保值和避险的重要工具。无论是经济不确定性增加、通货膨胀加剧，还是市场波动剧烈时，黄金等贵金属往往能够为你的钱包多上一层保险。

黄金及其他贵金属的投资价值

1. 抗通胀的"硬通货"

黄金和其他贵金属具有抗通胀的特性。当货币贬值、通货膨胀加剧时，黄金的价值往往能够保持稳定甚至上涨。这是因为黄金的供应相对有限，且其价值不受单一国家货币政策的影响。

2. 避险的"安全港"

在经济不确定性增加或市场波动剧烈时，投资者往往会转向黄金等贵金属作为避险资产。例如，在地缘政治危机、金融危机或股市大幅下跌时，黄金价格通常会上涨。

3. 多元化投资组合的"稳定器"

黄金和其他贵金属与股票、债券等传统资产的相关性较低，因此可以作为投资组合中的多元化工具，帮助投资者分散风险，降低整体投资组合的波动性。

 黄金的投资方式

黄金有多种投资方式，投资者可以根据自身的风险承受能力、投资目标和流动性需求选择合适的方式。

1. 实物黄金（金条和金币）

特点：这是最直接的黄金投资方式。投资者可以去银行或正规金店购买金条或金币，存放在家中或银行的保险箱中。

优点：实物黄金具有直观性和安全性，适合长期持有。

缺点：存储和保险成本较高，流动性相对较低，尤其是在需要快速变现时，可能会面临折价或手续费。

2. 黄金首饰

特点：黄金首饰也可以作为一种投资方式，但其价格通常包含较高的工艺费和品牌溢价，二次转手时可能面临一定的亏损。

优点：兼具装饰性和投资性。

缺点：投资回报相对较低，流动性较差。

3. 黄金ETF（交易所交易基金）

特点：黄金ETF是一种通过交易所买卖的基金，也就是基金公司帮你买好黄金，你通过股票账户买卖基金份额即可。投资者无须持有实物黄金即可参与黄金市场的投资。

优点：流动性高，交易方便，费用较低。

缺点：价格波动较大，适合有一定风险承受能力的投资者。

4. 黄金期货

特点：投资者可以通过期货合约买卖黄金，即约定未来以某个价格买卖黄金。期货合约具有杠杆效应，适合有一定投资经验的投资者。

优点：潜在收益较高。

缺点：风险较高，适合高级投资者。

5. 黄金期权

特点：期权合约赋予投资者在未来某一时间以特定价格买卖黄金的权利，但不强制执行。即付点"定金"锁定买卖权利，适合预判金价大涨或大跌。

优点：潜在收益较高。

缺点：风险较高，适合高级投资者。

6. 黄金矿业股票

特点：投资者可以通过购买黄金矿业公司的股票间接投资黄金。黄金矿业公司的股价通常与黄金价格密切相关，但也会受到公司经营状况和市场环境的影响。

优点：潜在收益较高。

缺点：风险较高，适合有一定投资经验的投资者。

 其他贵金属的投资方式

白银、铂金和钯金等贵金属也具有投资价值。

1. 实物白银

特点：投资者可以购买银条或银币（购买时注意纯度标记，如Ag999），存放在家中或银行的保险箱中。

优点：价格相对较低，适合小额投资者。

缺点：存储和保险成本较高，流动性相对较低。

2. 白银 ETF

特点：通过交易所买卖的白银基金，投资者可以像买卖股票一样交易白银 ETF。

优点：流动性高，交易方便。

缺点：价格波动较大，适合有一定风险承受能力的投资者。

3. 铂金和钯金

特点：投资者可以购买铂金条或钯金条，存放在家中或银行的保险箱中。

优点：具有较高的工业用途（汽车尾气净化催化剂），需求稳定。

缺点：价格波动较大，流动性相对较低。

4. 铂金 ETF 和钯金 ETF

特点：通过交易所买卖的铂金和钯金基金，投资者可以像买卖股票一样交易铂金和钯金 ETF。

优点：流动性高，交易方便。

缺点：价格波动较大，适合有一定风险承受能力的投资者。

 贵金属投资的注意事项

1. 价格波动

黄金和其他贵金属的价格受全球经济形势、地缘政治、货币政策等因素影响，波动性较大。投资者应做好长期持有的准备，避免短期投机。特别要警惕"纸黄金""黄金理财"方面的一些骗局，一定选择银行、正规交易所或大型基金平台买卖。

2. 交易成本

黄金投资通常涉及一定的交易成本，如买卖差价（购买金条时认准"国标认证"，比如上海黄金交易所标准，回购时才不会被压价）、存储费用（实物黄金）、管理费（黄金 ETF）等。投资者应充分考虑这些成本对投资收益的影响。

3. 多元化配置

黄金和其他贵金属应作为投资组合的一部分，而不是全部。投资者根据自身的风险承受能力和投资目标，将贵金属的投资比例控制在 5%~15% 即可，其他资金合理配置其他资产。

智能投资机器人，改变你的财富管理方式

你有没有想过，有一天投资也能像自动驾驶一样，交给机器人来完成？没错，智能投资机器人（Robo-Advisors）正在悄然改变我们管理财富的方式。它不仅能帮你节省时间和精力，还能让你的钱"动起来"，实现更高的年化收益。

 ## 智能投资机器人的运作机制

智能投资机器人就是一种利用算法和数据分析为你提供自动化的投资建议和服务的工具。你只需提供一些基本信息，它们就能帮你搞定一切。智能投资机器人会根据你的风险偏好、投资目标，以及市场上的各种数据，推荐最适合你的投资组合，并在市场变化时自动调整。它的运作流程主要分为以下几个步骤。

1. 风险评估

投资者首先需要完成一份风险评估问卷，系统会根据问卷结果评估投资者的风险承受能力、投资目标和时间。

2. 投资组合推荐

基于风险评估结果，智能投资机器人会推荐一个适合投资者的投资组合。这个组合通常包括股票、债券、基金等资产，以实现风险分散和收益最大化。

3. 自动调仓

在市场波动或投资者的财务状况发生变化时，智能投资机器人会自动

调整投资组合，确保其始终符合投资者的风险偏好和目标。

4. 收益分析与报告

智能投资机器人会定期生成详细的收益分析报告，帮助投资者了解其投资表现，并提供改进建议。

 智能投资机器人的优势

对普通投资者来说，智能投资机器人有以下几个显著优势。

1. 高效与省时省力

智能投资机器人可以 24 小时不间断地监控市场，及时做出反应，不受情绪影响。这意味着，即使在你度假或忙于其他事务时，智能投资机器人仍然在后台为你管理投资。

2. 省钱

与传统的财务顾问相比，智能投资机器人通常收取较低的管理费用，这使得你能以较低的成本获得专业的投资管理服务。

3. 个性化服务与策略

通过一个简单的问卷，智能投资机器人可以根据你的风险承受能力和投资目标，量身定制投资策略。这种个性化的服务能确保你的投资组合与你的财务目标和风险偏好高度契合。

4. 灵活与实时调整

在市场变化时，智能投资机器人会自动调整你的投资组合，帮助你抓住每一个投资机会。这种灵活性使得投资组合不断优化，帮助你实现收益最大化。

智能投资机器人的兴起标志着财富管理行业正在向自动化、智能化方向发展。这为普通投资者提供了一种简单、高效且低成本的财富管理工具。无论你是投资新手还是有一定经验的投资者，智能投资机器人都能帮助你更好地管理财富，实现收益最大化。

第九章
体面养老，让财富代代相传

  越早开始养老规划，越能减轻未来的负担。合理的储蓄和投资策略能够帮助你逐步积累足够的养老资金，选择适合的养老方式，如社区养老或机构养老。同时，提前为可能的健康问题做好保障准备，可以有效地降低未来的医疗压力。当然，通过科学与智慧的财富规划，你不仅能够确保自身的养老无忧，还能为后代留下宝贵的遗产。

养老金需要存多少

很多人往往在临近退休时才开始焦虑是否有足够的资金养老，而此时可能已经错过了最佳的养老规划时机。其实，准备养老金不是一蹴而就的事情，而是需要长期的规划和积累。那么，究竟需要提前存多少钱才能在退休后过上体面的生活呢？

 **什么是体面养老**

首先，我们需要明确什么是体面养老。如果从衣、食、住、行四个方面考虑的话，那么体面养老意味着衣食无忧，每年可以去旅行一次，生病时能得到及时的治疗，并能享受到一定的照护或高端医疗服务。

1.基础生活费用

比如，你60岁退休，寿命到80岁（参考当前平均寿命）。在日常生活支出方面，城市生活成本相对较高，每月基本生活费在3000元左右。以每年物价上涨4%来算，退休后20年所需总生活费如下。

第一年：3000元 ×12=36000元

第二年：3000元 × （1+4%）^{2} × 12 ≈ 38937元

第三年：3000元 × （1+4%）^{3} × 12 ≈ 40495元

…………

第二十年：3000 元 × （$1+4\%$）^{20} × $12 \approx 78880$ 元

经过计算，20 年的总生活费约为 111 万元，而这还只是维持基础生活所需的费用。

2.医疗费用

在养老生活中，医疗是最大的支出之一。慢性病治疗的医药费报销后每年 1 万元至 5 万元；治疗一次重大疾病需要 20 万元至 50 万元；70 岁以后，如果需要养老照护，入住养老院的费用为每年 3 万元至 10 万元。若取中间值，则最终得出 20 年的养老医疗支出大概为 160 万元。

3.旅行和娱乐费用

为了保证体面的养老生活，每年旅行和娱乐的支出也不可忽视。保守估计的话，每年至少需要 1 万元，20 年总共需要 20 万元。

维持体面养老生活的费用是 111 万元（基础生活费用）+160 万元（医疗费用）+20 万元（旅行和娱乐费用）=291 万元。其中，退休金可以覆盖约 90 万元的费用，因此，我们至少需要存下 200 万元。这还只是一个人的费用，如果是夫妻两人，就需要 400 万元！

不少人可能认为养老只靠退休金就够了，但现实是，随着人口老龄化的加剧，退休人员的增多，再加上通货膨胀和物价上涨，我们仅靠基础退休金已经难以支撑未来的退休生活，更别谈体面养老了。

 正确配置资产结构

投资是短期决策，但资产管理是一辈子的课题。很多人对投资略懂一二后，会过度自信，总以为过去的投资方法可以不断复制，但是，年纪越大，越亏不起，即应该逐步减少高风险投资，转向低风险、收益稳定的投资产品。

随年龄调整资产配置是常见的方法。一个简单的公式：100−年龄＝配置高收益、高风险资产的比例。假设你现在是45岁，那么你的资产组合中高风险、高收益的资产比例不应超过55%。

例如，张先生今年45岁，家庭总资产为50万元。按照这个公式，他可以将27.5万元（总资产的55%）用于高收益、高风险的投资，如股票或高收益基金。而剩余的22.5万元，则应该配置在较低风险的资产上，如债券或稳定收益的股票。

低风险资产并不仅限于固定收益类资产，如债券或债券基金。实际上，有些股票类资产，如基础设施类股票，它们的表现也相对稳定，并能提供定期分红。

那么，具体该如何规划养老金呢？我们来看一个例子。

张先生和他的妻子打算60岁退休，他们到时候会筹备至少200万元的养老金。在他们60岁时，可以将高风险资产减少到40%，即80万元用于高风险投资，其余的120万元配置在低风险资产上。

张先生决定将120万元中的70%（84万元）用于购买债券和债券基金，剩下36万元则投资于稳定分红的股票。这些股票虽然收益率不高，但分红稳定，足以为他们提供每年生活费用的一部分。

随着年龄的增长，张先生和他的妻子会逐渐减少高风险资产的比例，将更多的资金转入低风险资产上。到70岁时，他们会将高风险资产比例降至30%，甚至更低，以确保晚年生活无忧。

如何在老年保持金钱增长和现金流入

要想在老年持续保持金钱的增长和现金的流入，关键在于合理的资产配置和适度的收入取用策略。下面为你提供两个简单的指导原则。

1. 确保资产规模满足预期年度开支的 25 倍

有一个著名的"4% 法则"，指的是对于一笔投资，每年取出 4% 的现金流，这样你的本金不会减少。你如果预计退休后的每年支出是 15 万元，那么你需要准备的投资组合就是 15 万元 ÷ 4%=375 万元。这是你为自己准备的最低资金，你如果想过得更宽裕，可以多准备一些。

2. 保持本金不变，减少过度提取

在退休后，你尽量不要过度提取投资收益，把"饼"做大。你如果有副业收入或其他被动收入帮补你的生活支出，就只需要提取少部分投资收益，确保你的资产规模保持相对稳定。

比如，刘女士已经退休，她的投资组合为 400 万元。她每年只需要从中提取 16 万元（4%）来生活，这样她的本金不会减少，还能随着市场增长而增值。如果有突发医疗开支，她会动用自己的应急基金，而不是提取更多的投资收益。

若你已经在依靠投资组合生活，那么尽量减少提取次数和提取金额，只取你在一段时间内需要的钱。这样，剩余的资金会继续投资于市场，复利效应会使你的初始投资逐渐增值。

记住一点，永远别碰本金，坚持每年提取的收益小于本金回报，这样你就会有越来越丰厚的退休准备金，可以靠投资组合的增长来生活。

比如，张先生今年 65 岁，退休后预计每年支出为 12 万元。按照 4%

法则，他准备了 300 万元的投资组合。他有一些房租收入，每年大约 6 万元，这样他只需要从投资中提取 6 万元。张先生将投资组合中的 70% 配置在低风险资产，如债券和固定收益基金，剩下的 30% 放在一些蓝筹股和高收益基金中。这样，他不仅能应对日常生活开支，还有足够的应急储备金。

巴菲特的绝大部分财富都是 50 岁以后挣来的。所以，你不必害怕退休生活，只要遵循科学的理财策略，你的晚年生活就可以充实丰富，幸福平稳。

如何选择合适的退休理财产品

面对市场上琳琅满目的理财产品，很多人感到无所适从，不知道该选哪些。这里将为你详细地解析不同类型的退休理财产品，从稳健的固定收益类资产到有潜力的股票基金。

通过合理搭配这些理财产品，你不仅能确保资金安全，还能实现财富的稳定增长，为自己的晚年生活提供坚实的保障。

 常见的退休理财产品

1. 高领取养老金产品

这类产品领取金额高，适合那些希望在退休后拥有较高现金流的人群。

根据《2023 年我国卫生健康事业发展统计公报》，到 2035 年，中国人均预期寿命有望增长到 81.3 岁。如果你有长寿基因，那么这类产品就非常适用。

2. 定期高收益养老金产品

这类产品设计为在中短期内（如 5 ～ 10 年）提供较高的投资回报率。通常，这些产品的收益率高于传统储蓄账户或长期年金，可能与市场指数或其他投资工具挂钩。这种设计为投资者提供了较高的收益潜力，但也伴随着一定的市场风险和可能的本金损失。

这类产品适合那些希望在较短时间内增加养老金收入的人群，尤其是对自身寿命预期较短或希望在退休初期即可支取较高金额的人群。同时，这种产品也适合具有一定风险承受能力的投资者，他们愿意在较短的投资周期内追求更高的回报。

3. 早期高流动性养老金产品

这类产品提供了较高的资金流动性，使投资者可以在较早的阶段开始领取养老金。它们通常允许灵活的资金提取，而不必遵循严格的领取时间表。尽管流动性较高，但是这类产品的收益率可能低于那些长期锁定资金的产品。

这类产品特别适合那些希望尽早退休，或者不确定是否将这笔钱完全用于养老的人。它的灵活性高，可以满足提前用钱的需求，同时又具有较好的收益保障。

 巧避退休理财产品的坑

在选择适合自己的养老理财产品时，你需要注意以下四点。

（1）明确需求。首先要明确自己的退休需求，包括每月的基本开支和应急储备。你要根据需求选择相应的理财产品。

（2）了解条款。仔细阅读理财产品的相关合同条款，尤其是领取方式、领取时间和利率锁定等关键内容。你不要轻信销售人员的口头承诺。

（3）多方比较。市面上有很多养老金产品，利率、条款各不相同。你要多做比较，选择最适合自己的。

（4）咨询专家。你如果对退休理财产品不熟悉，则可以咨询理财专家或专业机构的建议，确保自己做出最明智的选择。

通过合理的选择和规划，你退休后的生活不仅能有保障，还能避免因为利率波动或意外情况而带来困扰。希望你能找到最适合自己的退休理财产品，安心享受金色年华。

家族财富如何代代相传

每个家庭都希望自己的财富能够代代相传，但面对复杂的财务和法律问题，很多家庭往往会感到无从下手。

为什么要规划家庭财富保护与传承

家庭财富的保护与传承是每个家庭都应重视的重要课题。尽管大多数人生活在幸福的环境中，但也要保持警惕，做好自身财富的防范，以免将财富拱手让给未知的风险和不确定性。家庭财富的保护与传承涉及多个方面，包括子女的婚姻、意外风险的应对、企业与家庭资产的债务隔离等。每个家庭都应尽早考虑这些问题，进行充分的规划，避免在关键时刻因缺乏准备而引发法律纠纷和遭受经济损失。

财富传承不仅需要充分的时间进行规划，还需要根据家庭环境和相关法律制度的变化进行调整。因此，资产种类、资产所在地及传承工具需要保持灵活性。良好的传承方案不仅仅是将资产从一代简单转移到另一代，还需考虑多层次的家庭关系和各种因素。

1.熟悉法律，保障权益

了解和熟悉婚姻相关的法律法规是非常重要的。特别是明确婚前和婚后资产的界定，可以在离婚或有家庭纠纷时有效地保护自身的权益。

2.提前规划，预防变故

你如果不是家庭的经济支柱，则要考虑伴侣意外情况下的生活保障。你可以建立应急基金或购买适当的保险，以确保自己和孩子在突发情况下的基本生活需求。

3.明确财产，确保利益

对家庭财产的清晰认识是确保利益的前提。你如果对家中的财产状况不够了解，则建议你进行一次全面的财产清查，确保在需要时能够最大限度地保护自己的合法权益。

4.合理传承，避免混淆

父母在传承资产时，应制定明确的方案，确保这些资产仅留给你或你的孩子，避免与婚后财产发生混淆，造成不必要的争端。

5.保证控制权

掌握家庭保险单的控制权至关重要。确保你有权修改受益人、提取资金或进行退保，以便在需要时能够灵活地应对家庭财政状况的变化。

6. 企业资产隔离

如果你的家庭拥有企业，应确保个人资产与企业资产之间的清晰界限，避免资产混同。因此，建立健全的财务制度和税务安排有助于管理风险，保护个人和家庭的财务安全。

事实上，家庭财富的保护与传承是一项复杂且至关重要的任务。通过全面的法律知识、周密的财务规划和灵活的应对策略，你可以有效地维护家庭的财务安全，确保财富的稳健传承。

 ## 五大工具助力家族财富的传承

在家庭财富传承的过程中，选择合适的工具至关重要。有效的财富传承不仅能确保你的资产稳健地传递，还能保护家庭关系，避免不必要的纠纷。以下是五种主要的财富传承工具，它们各具优势，适用于不同的家庭情况和需求。

1. 法定继承：最直接的传承方式

法定继承是最直接的财产传承方式，依照法律规定进行。然而，这种方式也可能面临诸多潜在风险。以张先生为例，他在意外去世时未留遗嘱，结果导致妻子、父母与子女之间爆发了遗产争夺战。为了避免类似情况的发生，建议提前设立遗嘱，清晰地分配财产，以确保财产分配符合法律要求。

2. 赠与：减少纷争的灵活手段

赠与是按照个人意志传承财产的一种方式，可有效地减少遗产争端。比如，李女士希望将一套房产以赠与的方式过户给儿子，于是，她通过律师起草了一份详细的赠与合同，并进行了公证，以确保法律效力。需要注意的是，赠与财产仍可能面临相关法律法规的约束，因此赠与合同的严谨性和合法性至关重要。

3. 遗嘱：防止财产纠纷的法律文件

遗嘱作为财富传承的重要工具，能够明确财产分配，减少纠纷。然而，遗嘱的有效性常常受到质疑，如签名的真实性及内容是否反映立遗嘱人的真实意愿。比如，在立遗嘱时，王先生规定了财产范围、数量和类别，并详细列出了继承人的信息。为确保法律效力，他还请专业律师对遗嘱进行审核和公证，此举有效地防止了未来的财产纠纷。并且，在撰写遗嘱时要使用明确的法律用语，避免模糊描述，此外，应确保签署过程的合法性，以提高遗嘱的法律效力。

4. 信托：高效的财产管理和传承工具

信托是一种将资产托管并按照约定进行分配的法律结构，特别适用于高净值家庭。信托的独立性确保财产在传承过程中不受外界干扰。比如，李先生设立了家族信托，将部分公司股权和房产纳入其中，指定子女为受益人，并规定子女在不同年龄段可领取的金额和条件，有效地避免了婚姻变故和债务风险。设立信托需要一定的资产门槛和专业支持，适合家庭资产千万级以上的家庭。了解相关法律规定，选择合适的信托结构是确保信托合法、有效的关键。

5. 保险：精准传承的灵活工具

保险是实现财产精准传承的重要工具，能够有效地隔绝债务风险和共有风险。保险的关键优势包括法律保障、持有人对保单的完全控制权及灵活的受益人设置。比如，王女士购买了一份年金保险，指定自己和子女为受益人，确保退休后能用这笔钱作为养老资金，若不幸去世，这笔钱将准确地留给子女。此外，她还为孩子购买了一份储蓄类保险，确保财富的跨代传承。保险赔付金作为免税资产，保障了财富的流动性和安全性。

财富传承是一个复杂而持续的过程，每个家庭都应当未雨绸缪，进行系统规划。通过灵活运用法定继承、赠与、遗嘱、信托和保险五大工具，可以实现财富在家族中的稳定传承。这里介绍的每种工具都有独特的优势和适用场景，每个家庭应根据自身情况进行组合，确保财富在代际之间顺利传递。

 ## 培养后代的理财专长

在财富的代际传承过程中，培养后代的理财专长也是必要手段，这对实现家族财富的可持续增长具有重要作用。通常，我们可以从以下方面来培养后代的理财专长。

1.赚钱专长

有些孩子天生对赚钱感兴趣。你可以从这个兴趣点入手，激发孩子的理财热情。例如，通过简单的家务活，你可以让孩子赚取零花钱，体会劳动和收入之间的关系。你还可以讲述一些成功企业家的故事，或者带孩子去了解证券交易所的运作，让他们对赚钱有一个直观的认识。

2.守钱专长

有的孩子性格内向，渴望安全感。这类孩子适合从储蓄入手，培养他们的守钱专长。家长可以给孩子一个小记账本，由孩子每天记录自己的收入和支出，让他直观地看到自己的财务状况。

3.投资专长

有些孩子天性喜欢冒险，敢拼敢闯，这类孩子适合从小培养投资专长。

与其等他们长大后在投资市场上摸索，不如从小就教他们一些基础的投资知识和风险管理技巧。例如，用模拟投资游戏让孩子了解股票、基金等投资工具，使他们体验投资的乐趣和风险。

当然，不是每个孩子都对"钱"感兴趣，这不必强求，只要帮助他们建立基础的财富观念，教授一些简单的理财知识即可。比如，教孩子如何合理地分配零花钱，或者告诉他们基本的存钱窍门。

培养孩子的理财专长，关键在于明确正确的方向，循序渐进。通过合理的引导和鼓励，可以帮助孩子在理财的过程中找到乐趣和成就感，为他们将来的财务独立打下基础。这样，理财不再是枯燥的任务，而是充满乐趣的生活技能，带给孩子无限的可能和希望。